J.-L. BRÉGEON
Professeur en IUFM
à Moulins

G. MÉTÉNIER
Institutrice maître formateur
en école maternelle
à Moulins

E. GÉROME
Institutrice maître formateur
en école maternelle
à Moulins

COLLECTION
DIAGONALE

MATH EN POUSSE

cycle des apprentissages premiers
MS Maternelle

LIVRE DU MAÎTRE

NATHAN

Les auteurs tiennent à remercier :

Mesdames M. F. AUDIN et E. ROCHER, institutrices en Moyenne Section d'École maternelle à Moulins, qui ont bien voulu relire l'ensemble de cet ouvrage ;

Monsieur B. Mastellone et le C.Y.S.L. Photo d'Yzeure pour la réalisation des photographies.

ILLUSTRATION : MARIE-DOMINIQUE FACCON

COORDINATION ÉDITORIALE : FRANÇOISE GARCIA
MISE EN PAGES : JOSEPH DORLY

ISBN 2.09.103177.1
9, rue Méchain - 75014 Paris

SOMMAIRE

AVANT-PROPOS

L'organisation de la scolarité en cycles a pour but essentiel de favoriser la continuité des apprentissages, depuis le plus jeune âge, lorsque apparaissent les premières prises de conscience, jusqu'à l'entrée au collège, lorsque les enfants ont à leur disposition de nombreux savoirs et savoir-faire qu'ils approfondiront par la suite.
La Moyenne Section de l'École maternelle se situe complètement dans le cycle 1, cycle des apprentissages premiers. Comme son nom l'indique, c'est le cycle où l'on assiste à l'émergence des premiers apprentissages, où l'enfant prend conscience de ses possibilités et découvre la puissance que lui donne le recours à des pratiques telles que la lecture de mots ou l'emploi des nombres. Pour donner à ce niveau de l'École maternelle toute son importance dans le cycle 1 et pour contribuer à sa juste mesure au développement harmonieux de l'enfant qui se trouve dans cette classe, il convient d'adopter deux points de vue fondamentaux :

1 – L'École maternelle est ouverte à toutes les facettes du développement de l'enfant. La forme des activités proposées et l'état d'esprit qui met en avant l'épanouissement global de l'enfant et l'élargissement de toutes ses possibilités font le caractère spécifique de l'École maternelle et doivent impérativement être préservés. Dans le même temps, on ne saurait se contenter d'une attitude attentiste. Il ne s'agit pas de repousser l'introduction d'activités sous le prétexte qu'un enfant de cet âge ne dispose pas de tous les éléments pour maîtriser complètement la notion ou l'outil concerné, ni même de produire des activités occasionnelles dans l'intention vague de favoriser éventuellement l'émergence de telle ou telle compétence. Il faut plutôt, par des premiers apprentissages cohérents, précéder le développement de l'enfant d'une manière organisée, afin de lui permettre, le moment venu, d'acquérir la compétence visée ;

2 – Pour mettre en œuvre avec efficacité ce premier point de vue, il est indispensable pour l'enseignant de prendre conscience de la complexité des premiers apprentissages, malgré l'apparence d'une extrême simplicité pour l'adulte. Ces premiers apprentissages ne constituent pas une sorte de « boîte noire » où les compétences apparaîtraient de manière spontanée, mais sont constitués d'une succession d'étapes que l'enseignant doit respecter. Cela conduit à la définition précise d'objectifs d'apprentissage, aussi bien notionnels que transversaux, sans lesquels il sera difficile de donner au jeune enfant les moyens de maîtriser ces premiers outils indispensables pour son développement ultérieur. En d'autres termes, il convient de donner de la densité à des activités qui, sans cela, risqueraient de connaître une certaine superficialité par manque d'objectifs précis.

La continuité des apprentissages implique qu'année après année l'enfant soit mis face à des activités en rapport avec son âge qui lui permettent de progresser à son rythme tout en évitant des ruptures préjudiciables. C'est à ce prix que la Moyenne Section jouera pleinement son rôle au sein du cycle 1.

LES ACTIVITÉS MATHÉMATIQUES EN MOYENNE SECTION

I. LES GRANDS DOMAINES ABORDÉS

Le contenu des activités mathématiques en Moyenne Section (et plus généralement à l'École maternelle) peut être réparti en trois domaines principaux : la construction et l'organisation de l'espace et du temps, les activités logiques, et enfin l'approche du nombre et de la mesure.

A. La construction et l'organisation de l'espace et du temps

1. Comment l'enfant perçoit-il l'espace ?

Dès le plus jeune âge, l'enfant perçoit l'espace par la vue, par l'audition, par le toucher, puis par la préhension et le mouvement. Bien entendu, ces diverses perceptions ne sont pas équivalentes de telle sorte que l'enfant perçoit d'abord un espace éclaté qui tend progressivement vers une unité.
Au niveau scolaire, il est important de prendre en compte ces diverses approches de l'espace et de favoriser l'expérience des enfants par des activités utilisant leurs divers sens.

2. Quels espaces à l'École maternelle ?

À l'École maternelle, l'espace est envisagé selon trois types :

– ***l'espace vécu*** dans lequel l'enfant agit et perçoit des sensations en mettant son corps en contact avec son environnement ;

– ***l'espace parlé*** correspondant aux signes oraux permettant de communiquer des informations relatives à l'espace vécu. Dans ce cas, l'enfant transmet oralement des sensations, fournit des indications relatives à la position et à l'orientation d'objets ;

– ***l'espace représenté.*** C'est le stade ultime demandé à l'enfant, qui se caractérise par un effort important d'abstraction. L'enfant ne peut pas se contenter de mots et doit faire appel à des gestes graphiques afin de représenter des informations spatiales. On inclut ici l'espace graphique qui contient des contraintes culturelles fortes. Par exemple, une feuille de papier a des limites qui ne doivent pas être franchies ; pour écrire, on commence à un endroit précis de la feuille...

3. Quelles activités spatiales à l'École maternelle ?

On considérera deux principaux types d'activités relatives à l'espace :

– ***les activités qui concernent les rapports spatiaux.*** Il s'agit :
- des rapports spatiaux topologiques qui recouvrent toutes les relations de voisinage et d'enveloppement (à l'intérieur, à l'extérieur, à côté, dedans, dehors...) ;
- des rapports spatiaux projectifs qui prennent en compte particulièrement la perception de l'alignement et du parallélisme ;
- des rapports métriques qui font apparaître des relations entre longueurs qui sont conservées malgré les déplacements qu'on fait subir aux objets ;
- des rapports de position et d'orientation qui, tout en étant liés aux précédents, contiennent des aspects spécifiques ;

– ***les activités de reconnaissance et de reproduction de formes simples.*** Ces formes sont d'abord reconnues globalement par la vue et par le toucher puis nommées et progressivement analysées. On insistera sur leur observation dans des dispositions variées afin de faire percevoir l'invariance d'une forme géométrique par rapport aux déplacements qu'elle peut subir.

4. Comment introduire la notion de temps à l'École maternelle ?

Tout d'abord, il faut mesurer l'étendue et la complexité de cette notion afin de comprendre qu'elle relève de l'ensemble des activités quotidiennes de l'enfant. De plus, elle est très liée à l'espace, puisque tout mouvement s'effectue dans la temporalité. Il résulte que les activités conduites avec les enfants visent à faire ressortir deux aspects fondamentaux :
- le temps chronologique et le repérage du temps à travers la succession d'événements et la pratique sociale du calendrier ;
- l'approche de la notion de durée afin de faire percevoir la possibilité de comparer des situations selon le temps plus ou moins long mis pour leur observation.

B. Les activités logiques

1. Que sont les activités logiques ?

On appelle activités logiques toutes les activités qui conduisent à l'organisation des informations, à l'établissement de relations entre objets, à la mise en œuvre de règles ou à la prise en compte de critères.

2. Quels types d'activités ?

On peut distinguer quatre types d'activités logiques à l'École maternelle :

– ***les activités de désignation et de codage.*** Elles conduisent à désigner des objets par des signes, des codes, afin de faciliter la mise en relation d'objets, leur organisation... Elles visent ainsi à une abstraction et à une conceptualisation. Il va de soi qu'elles ne constituent pas en elles-mêmes une finalité et que leur intérêt principal est d'apporter des outils appropriés pour le traitement des différentes situations présentées aux enfants. Par exemple, elles rendent plus faciles la communication d'informations et leur lecture (on n'oubliera pas, par exemple, que les chiffres sont des symboles particuliers) ;

– ***les activités de tri, de classement et de rangement.*** Elles ont pour dénominateur commun les notions de propriété et de relation. Une propriété ou une relation données dans un ensemble d'objets permettent de réaliser, selon les cas, un tri, un classement ou un rangement. Pour éviter des confusions de vocabulaire, et seulement à l'usage du maître, rappelons ici les définitions correspondantes :

• trier, c'est choisir des objets selon une propriété donnée, en écartant ceux qui ne possèdent pas cette propriété. Par exemple, dans une « dînette », trier toutes les soucoupes ;

• classer, c'est regrouper en classes (en « paquets ») tous les objets qui ont la caractéristique commune par rapport à la relation donnée. Par exemple, classer tous les cubes du jeu de construction selon leur couleur ;

• ranger, c'est disposer les objets selon leurs différences ordonnées précisées par une relation. Par exemple, ranger tous les livres de la bibliothèque selon leur taille ;

– ***les activités algorithmiques.*** La perception et la compréhension de règles, importantes pour la construction du raisonnement chez l'enfant, interviennent aussi à travers les activités portant sur les algorithmes. Ce terme désigne une suite d'actions qui conduit à la solution de la situation présentée. Dans les activités algorithmiques, l'enfant doit percevoir une règle, l'isoler et la reproduire. Les supports des algorithmes peuvent être très divers. C'est ainsi qu'on rencontre des algorithmes gestuels, sonores, visuels, écrits... Par ailleurs, il existe deux types d'algorithmes. Pour le cycle 1, on se contentera des algorithmes répétitifs qui conduisent à réitérer une suite d'actions. Les algorithmes récursifs, plus difficiles, seront seulement abordés en Grande Section (pour plus de précision, se reporter au *Livre du maître, Diagonale, Math en herbe Grande Section*) ;

– ***les jeux à règles.*** « Parce que, dans la gratuité, il autorise les répétitions, les recommencements, les déplacements, les substitutions, parce qu'il permet des victoires – si localisées ou fantasmatiques soient-elles – sur soi-même et sur le monde extérieur, le jeu est une activité capitale de l'enfance et probablement de l'homme quel que soit son âge. » (G. Pêcheux, *Le Développement des rapports de l'enfant à l'espace*, éditions Nathan.)

On ne redira pas ici le rôle fondamental du jeu à l'École maternelle. Dans le cadre des activités mathématiques, il doit trouver toute la part qui lui revient, parce qu'il permet de faire prendre conscience de certaines notions ou propriétés et d'en approfondir d'autres. Par sa nature même, le jeu mathématique est reproductible et comporte des règles strictes. D'autre part, il comporte un fort enjeu entraînant la motivation de l'enfant qui, pour gagner, est incité à mettre en œuvre des stratégies. On perçoit ainsi tout le rôle que les jeux mathématiques peuvent apporter aux enfants pour développer leur faculté de raisonnement.

C. L'approche du nombre et de la mesure

Les apprentissages numériques des jeunes enfants ont fait l'objet de nombreuses recherches au cours de la dernière décennie. Ces recherches s'inscrivent dans la voie tracée par J. Piaget et A.Szeminska dans leur ouvrage de référence, *La Genèse du nombre chez l'enfant* (1941). Elles en complètent les conclusions, les contestent parfois et défrichent de nouvelles pistes. C'est ainsi que le comptage, pratiquement ignoré par J. Piaget, a été remis en valeur et a été abondamment étudié. Mais tous ces travaux révèlent aussi l'extraordinaire richesse et la grande complexité de l'objet d'étude, ce qui fait que de nombreux aspects de la construction du nombre par l'enfant doivent encore être explorés car toute la lumière n'est pas faite sur la façon dont les enfants acquièrent le concept de nombre.

Cependant, toutes les études effectuées permettent d'envisager les premiers apprentissages numériques sous un regard nouveau et on peut entrevoir, malgré les incertitudes évoquées, les grandes lignes sur lesquelles on peut s'appuyer pour conduire progressivement les enfants, dans un contexte d'enseignement, à une bonne maîtrise de cette notion fondamentale.

Comment l'enfant découvre-t-il le nombre ?

Il est bien impossible à un adulte de dire à quel moment et à quelle occasion il a commencé à se servir des nombres. Il est totalement incapable de reconstituer son cheminement personnel de leur construction. Toutes les phases intermédiaires ont disparu et il ne reste plus que le résultat final, ensemble tellement élaboré qu'il donne l'impression d'avoir été construit d'un bloc. Il va de soi qu'il faut dépasser cette vision inexacte.

1. Les modes de quantification chez les jeunes enfants.

Si l'on se réfère à l'histoire de la numération, on peut percevoir deux modes différents de quantification des collections : le mode analogique et le mode conventionnel.

Le mode analogique
Pour conserver la mémoire d'une quantité de moutons, un berger de Mésopotamie faisait correspondre un caillou à chaque mouton. La collection de cailloux, placée dans une bourse d'argile, devient alors le témoin, le représentant du nombre de moutons. Grâce à cette collection, le berger peut facilement vérifier si tous les moutons sont présents. À leur retour, le soir, il les fait défiler et enlève un caillou au passage de chaque mouton. Ce mode de fonctionnement, accrédité par de nombreux exemples historiques (la technique des entailles dont est issue la numération romaine en est un autre), trouve des affinements par le recours à des collections-types (par exemple la main, des parties du corps).
On peut noter qu'un tel procédé ne suppose pas qu'on donne un nom à chaque quantité ainsi représentée, même si des dénominations sont fréquemment établies au fur et à mesure de l'accès à l'abstraction de la notion de nombre.

Le mode conventionnel
Une étape plus élaborée de l'emploi du nombre au cours de l'histoire de la numération consiste à construire une suite conventionnelle de mots-nombres à partir de laquelle il est possible de désigner des quantités par comptage. Au stade ultime de sa construction, cette suite est détachée de toute signification matérielle (de noms de parties du corps, de collections-types...) et est essentiellement une suite ordonnée de mots abstraits qui n'ont plus qu'une signification numérique.

Chez le jeune enfant, on peut voir apparaître ces deux modes de quantification, même si le recours aux mots-nombres prend vite le dessus en raison d'une forte pression sociale et parce qu'elle permet, à terme, de plus grandes possibilités. Mais le comptage est un procédé difficile qui peut être précédé ou accompagné par le recours au mode analogique. Pour une collection petite, l'enfant peut faire correspondre une collection organisée (doigts de la main, constellations de dés ou de dominos...) sans qu'il y ait comptage, par simple correspondance terme à terme manuelle ou visuelle. Cela peut se faire sans communication orale, par simple présentation (par exemple, l'enfant montre trois doigts d'une main en disant : « Il y en a comme ça ! ») ou, s'il y a dénomination de la quantité, sans que le mot émis soit consciemment placé dans une suite ordonnée.

2. Dans quels contextes les enfants prennent-ils contact avec les mots-nombres ?

Les mots-nombres sont progressivement utilisés par les enfants dans trois contextes différents : un contexte non numérique, un contexte de désignation et un contexte mathématique.

Le contexte non numérique
La désignation d'un numéro de rue, d'une ligne d'autobus, d'une chaîne de télévision... se fait en utilisant des mots-nombres. Ce contexte d'utilisation n'a rien de numérique : les nombres sont employés dans un but de communication mais n'ont pas de signification numérique proprement dite. Il s'agit de mots parmi d'autres que les enfants entendent dans leur environnement proche.

Le contexte de désignation
Très tôt, l'enfant utilise les mots-nombres dans le cadre structuré d'une suite dont la connaissance est indispensable pour les activités de comptage. Il apprend à associer chaque objet d'une collection à un des mots-nombres de la suite. Cela ne veut pas dire pour autant qu'il est en mesure d'indiquer le nombre d'objets de la collection mais il a appréhendé l'usage social de la comptine numérique. Enfin, il devient progressivement capable de lire les nombres qu'il rencontre sous forme chiffrée (« C'est un quatre »).

Le contexte mathématique
Dans ce cas, l'enfant utilise les nombres dans un contexte cardinal (le mot-nombre fait référence à la totalité d'une collection composée d'unités : « Il y a quatre oranges »), ordinal (le mot-nombre fait référence à la position relative d'un élément dans une collection : « Je suis le troisième ») ou de mesure (le mot nombre indique combien d'unités correspondent à une quantité donnée : « J'ai cinq ans »). Bien entendu, pour employer les nombres dans ce contexte il peut faire appel au comptage par le biais de la suite des mots-nombres citée précédemment.

À quoi servent les nombres ?

L'utilisation progressive des nombres dans les différents contextes possibles doit permettre aux enfants de prendre conscience des divers rôles des nombres : un rôle de communication, un rôle de mémorisation et un rôle d'anticipation.

Un rôle de communication
À l'évidence, les nombres jouent un rôle dans la possibilité de communiquer. À ce titre, qu'ils soient employés dans un contexte numérique ou non, ils se fondent dans l'ensemble des codes utilisés pour transmettre des informations et doivent être perçus comme tels par les enfants.

Un rôle de mémorisation
Nous avons vu que, dans un cadre mathématique, les nombres sont utilisés par les enfants dans un contexte cardinal, ordinal ou de mesure. Dans chaque cas, le nombre permet de mémoriser une quantité, une position ou une mesure pour la restituer ou la réutiliser le moment venu.

Un rôle d'anticipation
C'est une grande découverte pour un enfant lorsqu'il perçoit qu'il peut utiliser les nombres pour prévoir des situations qu'il ne peut pas voir ou qui n'existent pas encore (« Quand j'en aurai ajouté deux, il y en aura neuf. » ; « Si Romain et Julien s'en vont, nous serons sept. »).
Ce pouvoir d'anticipation des nombres en fait toute leur force et conduit progressivement les enfants aux premières activités de calcul.

Quel comptage chez les jeunes enfants ?

« Le comptage est, à l'évidence, une activité transmise socialement. Les gens comptent de différentes façons dans différentes cultures. Malgré cela, dans sa forme la plus évoluée, le comptage ne peut être considéré comme une activité mécanique, une simple imitation. C'est une activité dirigée vers un but et ce but est étroitement lié au concept de cardinalité : nous comptons pour savoir combien d'objets il y a dans une collection, pour comparer une collection à une autre ou pour construire une collection composée d'une quantité déterminée d'objets. » (C. Sophian, *Les Chemins du nombre*, Presses Universitaires de Lille.)

Que nous le voulions ou non, le jeune enfant compte et y prend du plaisir. Certes, il fait preuve au début d'une grande maladresse, mais il affine progressivement ses procédures pour devenir capable de réaliser des comptages corrects : il a appris à coordonner les principes fondamentaux du comptage mis en évidence par Gelman et Gallistel (1978).

Quels sont les principes fondamentaux du comptage ?

Selon Gelman et Gallistel, les cinq principes qu'une procédure correcte de comptage doit respecter sont les suivants :

– ***le principe de suite stable*** selon lequel les mots-nombres doivent être donnés dans le même ordre à chaque comptage ;

– ***le principe de correspondance terme à terme*** selon lequel chaque élément d'une collection doit être désigné par un mot-nombre et un seul ;

– ***le principe cardinal*** selon lequel le mot-nombre utilisé pour désigner le dernier élément d'une collection représente le nombre total d'éléments ;

– ***le principe d'abstraction*** qui permet de regrouper des éléments de nature différente en une collection dans le but de les compter ;

– ***le principe de non-pertinence de l'ordre*** selon lequel l'ordre dans lequel les éléments d'une collection sont énumérés n'affecte pas le comptage, pourvu que le principe de correspondance terme à terme soit respecté.

Donnés tels quels, ces principes sont abstraits quoique très clarificateurs. Au niveau des enfants, il convient de se demander comment s'acquièrent ces principes.

Comment s'acquièrent les principes du comptage ?

Les points de vue des chercheurs diffèrent sur les problèmes d'acquisition des principes fondamentaux du comptage. Gelman et Gallistel considèrent que les enfants disposent très tôt des compétences par rapport à ces principes. Cependant, leurs performances pour coordonner plusieurs principes restent faibles en raison de leur capacité limitée pour gérer les informations et pour contrôler l'exécution de la tâche proposée.

Cette affirmation est loin de faire l'unanimité et une position plus raisonnable est admise par de nombreux chercheurs selon lesquels « les enfants commencent par l'apprentissage et l'utilisation de certaines habiletés ou composantes d'habiletés d'une manière assez mécanique, qu'ils construisent en même temps la compréhension et la plupart des savoir-faire et qu'ainsi, ils construisent très graduellement une compréhension du nombre et du comptage basée sur des principes » (Baroody). Ainsi, il existe une interaction entre le développement des savoir-faire liés au comptage et l'émergence de principes de plus en plus stabilisés.

Comment se construit la suite des mots-nombres ?

Nous avons vu que la connaissance d'une suite de mots-nombres est un préalable indispensable pour la réalisation d'un comptage correct. La chaîne de mots qui s'acquiert chez les enfants à partir de deux ans est composée de trois parties : une partie stable et conventionnelle, une partie stable non conventionnelle et enfin une partie ni stable ni conventionnelle.

La partie conventionnelle
Elle correspond à la suite pratiquée par les adultes. Sa taille croît très vite à partir de quatre ans et dépend fortement des effets d'apprentissages scolaires ou familiaux.

La partie stable non conventionnelle
Dans cette partie, soit l'ordre des mots n'est pas conventionnel soit il manque des éléments. Mais lors d'une répétition, les mêmes mots reviennent dans le même ordre. Il faut remarquer que l'enfant peut alors respecter les principes du comptage (en particulier les principes de suite stable, de correspondance terme à terme et cardinal) sans donner le mot-nombre adéquat correspondant à la quantité dénombrée.

La partie ni stable ni conventionnelle
Elle est composée d'éléments instables comportant des mots-nombres corrects, des dénominations inventées (par exemple : dix-dix après dix-neuf) et d'autres éléments éventuels (par exemple, des lettres de l'alphabet).
Les enfants maîtrisent la suite conventionnelle des mots-nombres en deux temps bien distincts. Tout d'abord, la liste de 1 à 19 est apprise par cœur. Puis la liste à partir de 20 voit la prise en compte de règles linguistiques qui évitent une mémorisation complète. On notera cependant que l'enfant doit prendre conscience de ces règles et que cela implique, en règle générale, la mémorisation de la suite au-delà de 20.

La chaîne numérique verbale (plus particulièrement la partie conventionnelle) s'élabore suivant quatre niveaux successifs (Fuson) :

– ***le chapelet de sons.*** Les divers noms de nombres forment un tout, chaque mot étant indissociable de son prédécesseur et de son successeur : « undeuxtroisquatre... ». Il s'agit d'un bloc qui n'a aucune signification arithmétique. Même si l'enfant l'utilise en relation avec une collection, il ne peut pas aboutir à un comptage correct ;

– ***la liste insécable.*** La suite est formée de mots-nombres individualisés mais elle reste cependant insécable. L'enfant ne peut poursuivre la suite qu'à partir de « un » ou en se faisant aider par un amorçage de plusieurs mots-nombres. À ce niveau, l'enfant devient capable de compter jusqu'à un mot donné (compris dans la suite connue par lui), il met en place des premières conduites de comptage et, en reprenant la suite depuis le début, peut fournir le mot suivant dans la liste ;

– ***la liste sécable.*** L'enfant devient capable de compter à partir de n'importe quel mot de la liste connue par lui. Il peut, au prix d'efforts importants, réaliser une récitation « à rebours ». À ce niveau, le comptage est performant ;

– ***la liste bi-directionnelle.*** La chaîne numérique est alors utilisable dans les deux sens. Les mots-nombres sont traités comme des entités séparées qui peuvent elles-mêmes être comptées : l'enfant peut alors mettre en place des compétences relatives au double comptage (par exemple, avancer de 3 nombres à partir de quatre ; trouver combien il y a de nombres pour aller de 5 à 8). Le successeur et le prédécesseur d'un mot de la liste sont obtenus sans difficulté.

Comment aborder l'écriture chiffrée des nombres ?

L'enfant se trouve confronté à deux types différents de codage des nombres : le codage verbal et le codage écrit en chiffres (on passe l'écriture des nombres en lettres qui est un codage relativement marginal). Il s'agit pour lui d'associer ces deux codages.
« Ces nombres écrits prennent leur signification dans les mots-nombres parlés. Pour les petits mots-nombres, le sens peut être un sens cardinal (3 peut signifier "trois biscuits") ou un sens de suite (3 peut signifier le mot dit après 2 et avant 4). Mais, pour la plupart des mots plus grands, les enfants n'ont guère de sens cardinal et donc le sens des mots-nombres et des chiffres est, initialement, celui d'une place dans la suite. » (Fuson et Youngshin Kwon, *Les Chemins du nombre*, Presses Universitaires de Lille.)
Il suit que l'enfant apprend les codes chiffrés à partir de modèles, sans leur donner nécessairement de signification numérique. S'il doit nommer un nombre écrit donné, il est conduit à relier l'écriture chiffrée à la suite des mots-nombres.

II. LES COMPÉTENCES À ACQUÉRIR À LA FIN DU CYCLE 1

Les textes sur les compétences disciplinaires de 1991 définissent clairement les compétences que les enfants doivent acquérir à la fin du cycle 1.

La résolution de problèmes

Savoir poser et résoudre un problème ou une situation est le propre de l'activité scientifique et donc de la formation tout au long de la scolarité : c'est une compétence à mettre en œuvre dans toute activité scientifique.
Au cycle des apprentissages premiers, l'enfant doit pouvoir mettre en œuvre des stratégies de tâtonnement pour trouver des solutions aux problèmes qui lui sont posés.

L'approche du nombre

L'enfant doit pouvoir :
- identifier certaines propriétés des objets en vue de les comparer, les trier, les classer, les ordonner ;
- mettre en œuvre une procédure numérique (dénombrement, reconnaissance globale de certaines quantités...) ou non numérique (correspondance terme à terme...) pour :
  - réaliser une collection ayant le même nombre d'objets qu'une autre collection ;
  - comparer des collections ;
  - réaliser une distribution ;
- résoudre des problèmes liés à l'augmentation et à la diminution de quantités ;
- étendre la suite des nombres connus et savoir l'utiliser pour dénombrer (exemple : compter le nombre de filles et de garçons dans la classe...).

La structuration de l'espace

L'enfant doit pouvoir :
- se situer et se repérer dans l'espace ;
- coder et décoder un déplacement ;
- situer, repérer et déplacer des objets par rapport à soi ou par rapport à des repères fixes.

La mesure

L'enfant doit pouvoir :
- commencer à comparer des grandeurs continues (longueur, capacité, masse...) ;
- utiliser une mesure-référence existante ou retenue arbitrairement comme telle (ruban ou baguette de bois...).

Ces compétences sont la référence absolue de l'ensemble des activités proposées dans cet ouvrage. Pour les atteindre, il est indispensable de prévoir des phrases intermédiaires à partir d'objectifs parfaitement repérés. On développe ces intentions dans les informations didactiques.

III. LES TYPES D'ACTIVITÉS

Il est donc clair que les enfants du cycle 1 doivent avoir acquis des compétences mathématiques à l'issue de leur scolarité dans ce cycle. Bien entendu, cette affirmation n'impose pas de prendre une attitude rigide préjudiciable au mode de fonctionnement des activités à l'École maternelle. Elle oblige cependant à prendre des dispositions pour que les enfants effectuent de véritables apprentissages mathématiques. Cela nécessite de la part de l'enseignant une conscience claire des objectifs à atteindre, de la nature des apprentissages à effectuer et de leur complexité, ainsi que de la richesse des possibilités d'activités dans la classe.

On peut discerner trois grandes catégories d'activités mathématiques possibles à l'École maternelle :

A. Les activités quotidiennes ou de pratique fréquente.

Il existe dans la classe des activités « rituelles » propices aux apprentissages mathématiques. Il faut percevoir leur grande importance parce que, de par leur fréquence et leur caractère collectif, elles placent l'enfant dans un contexte qui le conduit à progresser. Ainsi, de nombreuses activités de comptage, de structuration de l'espace, de repérage du temps (grâce au calendrier), de distribution... peuvent être menées de cette manière.

B. Les situations provoquées.

L'obligation d'acquisition de compétences nécessite la construction de situations adaptées, à partir d'objectifs explicites. On les appellera des situations provoquées. La seule motivation offerte à l'enfant à travers des activités incluses dans un projet, sans que ces activités soient conçues dans des intentions précises, ne saurait suffire. Autrement dit, le rôle des situations provoquées est de donner de la densité aux situations proposées en classe, pour éviter une approche trop superficielle.

Ces situations provoquées peuvent intervenir selon deux cas de figure :
• **à l'intérieur d'un projet**. Il est courant que l'enseignant d'École maternelle développe ses activités de classe à l'intérieur d'un projet global. Cela offre l'avantage de fournir une motivation aux enfants et d'introduire une unité d'ensemble. Des situations provoquées, « habillées » en fonction de ce projet tout en conservant pleinement leurs objectifs, permettent l'obtention des compétences souhaitées et évitent que l'enfant survole des notions sans les avoir suffisamment approfondies ;
• **d'une manière autonome**. Il va de soi qu'une activité provoquée peut aussi être abordée de manière indépendante. Dans ce cas, convenablement introduite, elle fournit elle-même le point de départ d'une activité. Cela sera le cas lorsque les projets de classe n'ont pas permis, à l'issue de l'évaluation effectuée par l'enseignant, de donner aux enfants telle ou telle compétence relevant de la Moyenne Section.

C. Les jeux et ateliers autonomes

Il y a des moments où l'enfant peut, d'une manière libre, mettre en œuvre ses compétences et les développer : c'est dans le cadre des activités de jeux. Ces jeux peuvent être très divers :
– les jeux du commerce dont les règles sont conservées ou, au contraire, sont adaptées ;
– les jeux créés par les enfants ;
– les jeux fabriqués par l'enseignant dans un but d'apprentissage spécifique.

C'est un moment privilégié pour l'enfant qui fait fonctionner les outils qu'il a à sa disposition et pour le maître qui peut observer le comportement de chacun.

IV. L'ÉVALUATION

A. Qu'est-ce que l'évaluation au cycle 1 ?

La définition de compétences ne se justifie que si l'on se donne les moyens d'évaluer leur degré d'acquisition pour chaque enfant. De plus, celui-ci est en évolution permanente et il convient donc de ne pas figer le regard de l'adulte sur cet enfant par des évaluations trop rigides. C'est pourquoi l'évaluation au cycle 1, uniquement formative, doit rester très souple et discrète. Son but essentiel est d'aider à repérer les difficultés éventuelles des enfants et d'envisager des activités complémentaires. D'autre part, il ne faut pas oublier que les productions des enfants du cycle 1 ont des formes très diverses : corporelles, orales et, pour une petite part, écrites. Cela implique le choix d'un mode d'évaluation qui ne prend pas seulement en compte les traces écrites.

B. Comment procéder ?

On envisage deux aspects : le plan matériel et le plan organisationnel.

Au plan matériel. Selon les cas et les choix de l'enseignant, on peut disposer :
• d'**un cahier d'évaluation** sur lequel on note, au jour le jour, les informations recueillies sur les enfants en relevant les points essentiels en termes de difficulté ou de réussite. C'est aussi dans ce cahier qu'on peut inclure les fiches d'évaluation remplies lors des situations provoquées (voir p. 45) ;
• d'**un dossier par enfant** sur lequel on reporte les résultats remarquables le concernant. On doit manier ce dossier sans lourdeur excessive, ce qui veut dire qu'on limite le recueil d'informations aux compétences essentielles.

Au plan organisationnel. Il n'est pas question d'évaluer tous les jours toutes les activités de tous les enfants. En revanche, on peut mettre facilement en œuvre deux modes de recueil de données qui suffisent pour disposer d'éléments pertinents :
• **l'évaluation des responsables**. Chaque jour, un ou deux enfants de la classe ont des responsabilités sur le fonctionnement collectif de la classe (mise à jour du calendrier, distribution du matériel...). On peut profiter de cette situation privilégiée pour les observer plus précisément lors des activités proposées, qu'elles soient rituelles ou provoquées, puis parfaire l'évaluation effectuée par quelques minutes d'entretien individuel. Sur une année, chaque enfant est observé plusieurs fois (environ une fois par mois) et on peut suivre ainsi son évolution pour mieux connaître ses compétences et ses difficultés ;
• **la fiche d'évaluation d'activité provoquée**. Lors de la préparation d'une activité provoquée, on prévoit une fiche récapitulative simple des compétences la concernant. Lors de la réalisation de l'activité, on peut alors recueillir les informations par l'observation des enfants. Cette fiche peut être préparée une fois pour toutes et reproduite pour chaque activité. Pour cela, il suffit d'écrire les compétences concernées dans la bonne colonne.

Exemple de fiche

	Compétences à évaluer			
Nom des enfants	1	2	3	4

Dans chaque cas, on écrit l'information adéquate :
- compétence acquise : A
- compétence non acquise : NA
- compétence en voie d'acquisition : VA.

Les oiseaux de la forêt (jeu n°5. Math en pousse 388328).

PRÉSENTATION DES ACTIVITÉS MATHÉMATIQUES

I. L'ORGANISATION DE L'ANNÉE

L'année scolaire est découpée en trois étapes selon le schéma suivant :

ÉTAPE 1	ÉTAPE 2	ÉTAPE 3
De la rentrée de septembre à Noël	*De janvier aux vacances de printemps*	*Des vacances de printemps aux vacances d'été*

LIVRE DU MAÎTRE

Un ensemble d'activités mathématiques et 1 poster

FICHES-RESSOURCES

Des fiches-ressources facilitant la mise en œuvre de ces activités

FICHIER-ÉLÈVE	FICHIER-ÉLÈVE	FICHIER-ÉLÈVE
14 fiches pour faire le bilan des acquisitions	*15 fiches pour faire le bilan des acquisitions*	*15 fiches pour faire le bilan des acquisitions*

JEUX MATHÉMATIQUES

17 Jeux mathématiques favorisant la maîtrise des compétences essentielles

II. L'ORGANISATION DES ACTIVITÉS DE CET OUVRAGE

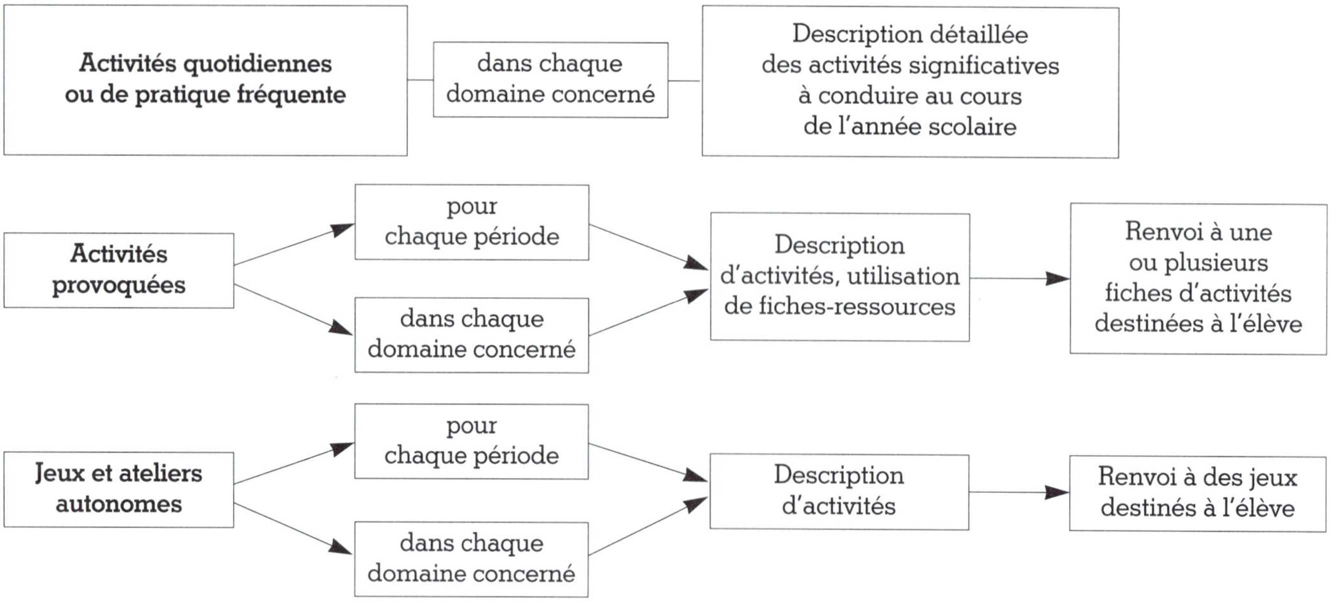

Les activités décrites dans le livre du maître renvoient à des éléments complémentaires utiles pour leur réalisation ou pour l'approfondissement des notions abordées :

– ***des fiches-ressources*** qui procurent un matériel facile d'emploi destiné à des manipulations nombreuses souvent nécessaires pour la compréhension des concepts introduits ;

– ***un fichier-élève*** contenant un ensemble de fiches d'activités pouvant être utilisées lorsque l'enfant aura été confronté aux activités correspondantes du livre du maître. Il est important de comprendre qu'elles peuvent difficilement être employées indépendamment. Arrivant comme un aboutissement, après plusieurs activités préparatoires durant lesquelles l'enfant aura agi et se sera exprimé, elles peuvent jouer un rôle utile, dans le cadre de l'évaluation, pour effectuer un bilan de compréhension. Lors de chaque description d'activité provoquée, on trouve des indications sur la (ou les) fiche(s) correspondante(s) ;

– ***des jeux mathématiques*** complètement décrits, avec leurs plans de jeu et le matériel nécessaire à leur mise en œuvre, destinés à être utilisés par les enfants lors des activités de jeux prévues dans l'organisation des activités (voir page 11). Ces jeux sont présentés succinctement dans le livre du maître, avec une proposition de répartition sur l'année.

LES ACTIVITÉS QUOTIDIENNES OU DE PRATIQUE FRÉQUENTE

A. PRÉSENTATION DES ACTIVITÉS POUR CHAQUE ÉTAPE

Structuration de l'espace et du temps

ACTIVITÉS	ÉTAPE 1	ÉTAPE 2	ÉTAPE 3
ESPACE I. Des éléments de vocabulaire *PAGE 18*	• Introduire des éléments de vocabulaire pour préciser des positions spatiales : *devant, derrière, près, loin*. • Décrire avec ce vocabulaire les positions d'objets dans un espace restreint.	• Introduire des éléments de vocabulaire pour préciser des positions spatiales : *dessus, dessous, au-dessus, au-dessous, sur, sous*. • Décrire avec ce vocabulaire les positions d'objets dans un espace restreint.	• Introduire des éléments de vocabulaire pour préciser des positions spatiales : *entre, à côté, à gauche, à droite*. • Décrire avec ce vocabulaire les positions d'objets dans un espace restreint.
II. Se repérer dans un espace *PAGE 19 ET 20*	• Se repérer dans un espace proche et familier : la classe. • Faire des petits trajets dans un espace restreint et les coder. • Décrire de mémoire un trajet habituel (fait chaque jour par toute la classe).	• Se repérer dans un espace plus important : salle de jeux, préau. *p. 19* • Faire des petits trajets dans un espace plus important et les coder. *p. 19* • Décrire de mémoire un trajet moins habituel (gymnase, piscine... ; réalisé au moins une fois par semaine). *p. 20*	• Se situer dans l'espace de l'école. • Faire des petits trajets dans un espace plus grand ou inconnu. • Décrire un trajet inhabituel réalisé une seule fois (visite...).
TEMPS I. Introduction de calendriers *PAGE 21*	• Introduire l'éphéméride et des calendriers divers pour les utiliser devant les enfants.	• Faire des repérages sur les calendriers : noms des jours, semaines, mois. • Apprendre des comptines pour mémoriser les noms des jours.	• Faire des repérages sur les calendriers : noms des jours, semaines, mois. • Apprendre des comptines pour mémoriser les noms des jours.
II. Se repérer dans le temps *PAGE 22*	• Fabriquer et utiliser des calendriers de l'« avant » (en fonction de certains événements de la classe).	• Repérer les moments importants de la journée de classe. • Fabriquer et utiliser des calendriers de l'« avant ».	• Retrouver ou placer un événement sur une bande figurant le déroulement de la journée. • Fabriquer et utiliser des calendriers de l'« avant ».
III. Mettre des événements en ordre *PAGE 25*	• Utiliser les termes *avant, après* dans des situations simples (deux événements simples à ordonner).	• Ordonner trois événements simples en utilisant *avant* et *après*.	• Ordonner quatre événements simples en utilisant *avant* et *après*.

Activités logiques

ACTIVITÉS	ÉTAPE 1	ÉTAPE 2	ÉTAPE 3
I. Les tris *PAGE 27*	• Mettre en évidence la notion de propriété commune à plusieurs objets. • Regrouper les objets possédant cette propriété.	• Réaliser les activités de tri avec diverses propriétés des objets.	• Rechercher diverses propriétés des objets. • Réaliser plusieurs tris possibles. • Rechercher des intrus.
II. Les classements *PAGE 27*	• Mettre en évidence la notion de critère de classement. • Apprendre à répartir les objets en plusieurs classes.	• Faire apparaître différentes manières de répartir des objets (selon leur couleur, leur forme, leur emploi...).	• Un classement étant réalisé, exprimer le critère qui a permis de l'effectuer.
III. Les comparaisons et les rangements *PAGES 28-29*	• Réaliser des comparaisons entre deux objets ou deux images. • S'exprimer à propos de similitudes ou de différences d'objets.	• Faire apparaître dans les activités de langage les termes permettant de comparer (grand / petit ; épais / mince ; lourd / léger...).	• Réaliser des rangements avec 4 ou 5 objets à partir d'un critère simple (hauteur, taille, poids...). • Compléter des suites ordonnées.
IV. Des noms et des codes *PAGE 31*	• Coder une action, un objet ou une collection d'objets. • Utiliser un code pour désigner chaque enfant (prénom usuel ou symbole).	• Coder différents moments de la journée. • Coder différents lieux de l'école par des signes conventionnels.	• À l'aide de codes élaborés par les enfants, coder des situations complexes. • Décoder une situation proposée par le maître.
V. Les algorithmes *PAGE 32*	• Prendre conscience de l'algorithme répétitif à deux termes (– I). • Prolonger l'algorithme. • Créer des algorithmes de même type.	• Prendre conscience de l'algorithme répétitif à trois termes (– – I). • Prolonger l'algorithme. • Créer des algorithmes de même type.	• Prendre conscience de l'algorithme répétitif à 4 termes (– – – I ou – – II). • Prolonger l'algorithme. • Créer des algorithmes de même type.
VI. Les jeux à règles *PAGE 33*	• Pratiquer des jeux à règles simples (jeux de loto, jeux de domino, jeux avec dés...).	• Pratiquer des jeux avec des règles plus complexes (utilisation de deux dés). • Construire des variantes de règle.	• Utiliser des jeux dont les règles sont plus complexes et nécessitent une réflexion.

Approche du nombre et de la mesure

ACTIVITÉS	ÉTAPE 1	ÉTAPE 2	ÉTAPE 3
I. La suite des premiers mots-nombres *PAGE 34*	• Savoir la comptine numérique jusqu'à 5. • Dire la suite en un seul jet. • Compter à rebours de 5 à 0. • Reconnaître les chiffres 1, 2 et 3. • Associer les chiffres 1, 2, 3 et les collections correspondantes. • Retrouver le mot-nombre précédent et le mot-nombre suivant (entre 1 et 5). • Lire des nombres du calendrier.	• Savoir la comptine numérique jusqu'à 8. • Dire la suite en un seul jet. • Continuer une suite interrompue. • Compter à rebours de 6 à 0. • Retrouver le mot-nombre précédent et le mot-nombre suivant (entre 1 et 6). • Reconnaître les chiffres 1, 2, 3, 4, 5 et les associer aux collections correspondantes. • Lire des nombres du calendrier.	• Savoir la comptine numérique jusqu'à 12. • Dire la suite et la continuer après interruption. • Retrouver le mot-nombre précédent et le mot-nombre suivant. • Reconnaître les chiffres 1, 2, 3, 4, 5, 6, 7, 8 et les associer à des collections. • Lire des nombres du calendrier.
II. Comptage et surcomptage *PAGE 38*	• Compter des objets en les pointant (jusqu'à 5 objets). • Compter silencieusement des objets (3 ou 4 objets). • Développer le principe cardinal. • Mettre en place le surcomptage (+ 1). • Percevoir globalement des collections (jusqu'à 4 objets).	• Compter des objets en les pointant (jusqu'à 8 objets). • Compter silencieusement des objets (5 ou 6 objets). • Développer le principe cardinal. • Mettre en place le surcomptage (+ 1). • Percevoir globalement des collections (jusqu'à 6 objets organisés).	• Compter des objets en les pointant (jusqu'à 12 objets). • Compter silencieusement des objets (7 ou 8 objets). • Mettre en place le surcomptage (+ 1, + 2). • Percevoir globalement des collections (jusqu'à 6 objets organisés).
III. Des collections d'objets *PAGE 39*	• Dénombrer des collections de 1 à 5 objets. • Fabriquer des collections de 1 à 5 objets. • Comparer des collections visuellement et répondre en utilisant « plus », « autant », « moins ».	• Dénombrer des collections de 1 à 8 objets. • Fabriquer des collections de 1 à 8 objets. • Comparer des collections visuellement.	• Dénombrer des collections de 1 à 10 objets. • Fabriquer des collections de 1 à 10 objets. • Comparer des collections par dénombrement ou par correspondance terme à terme.
IV. Des outils ou des techniques *PAGE 41*	• Utiliser les doigts d'une main pour dénombrer. • Utiliser une bande à points et une bande numérique (jusqu'à 5). • Fabriquer et utiliser un livre-référent (chiffres et constellations jusqu'à 5). • Faire une correspondance visuelle et sonore avec les premiers nombres.	• Utiliser les doigts des deux mains pour dénombrer jusqu'à 8. • Utiliser une bande à points et une bande numérique (jusqu'à 8). • Fabriquer et utiliser un livre-référent (chiffres et constellations jusqu'à 8).	• Utiliser les doigts des deux mains pour dénombrer jusqu'à 10. • Utiliser une bande à points et une bande numérique (jusqu'à 10). • Fabriquer et utiliser un livre-référent (chiffres et constellations jusqu'à 10). • Utiliser la « bande à trous ».

B. DESCRIPTION DES ACTIVITÉS DANS CHAQUE DOMAINE

Structuration de l'espace et du temps

L'espace

DESCRIPTION D'ACTIVITÉS

I. DES ÉLÉMENTS DE VOCABULAIRE

1. Activités de motricité

Objectifs

Aider l'enfant à se repérer par rapport à des objets de l'espace et à prendre conscience de son corps.
Faire acquérir les premiers éléments de vocabulaire relatifs à l'espace.

Matériel

Des objets de la salle de motricité ou de la classe, bien connus des enfants.

Déroulement

On peut profiter des activités réalisées en motricité pour aider l'enfant à se repérer dans l'espace. Demander, par exemple :
- de se déplacer vers la porte, vers la fenêtre... ;
- de faire demi-tour ;
- de marcher à reculons ;
- de faire plusieurs pas de côté...

Construire un parcours avec des objets et demander aux enfants de suivre ce parcours en touchant dans l'ordre les divers objets.
Lors du positionnement des enfants lors d'activités motrices, demander à certains de se placer loin de la table, près de la fenêtre, etc.
Faire prendre trois objets différents, en faire poser deux, puis demander à un enfant de placer le troisième *entre* les deux autres, *devant* le premier ou *derrière* le deuxième, *sous* le premier ou *sur* le deuxième...
À l'occasion de divers parcours réalisés pour aller d'un point à un autre, faire trouver le chemin le plus long, le chemin le plus court, etc.

2. Relations de position lors de l'accueil du matin

Objectif

Favoriser chez les enfants l'acquisition d'un langage spatial, notamment les relations de voisinage.

Déroulement

Pour commencer les séances matinales dans la classe, les enfants sont généralement regroupés et assis pour procéder à des activités collectives : moment de langage libre, appel du matin, dénombrement des absents et des présents, recherche de la date du jour...

REMARQUES

- Pour le vocabulaire, travailler surtout :

Étape 1
devant – derrière
près – loin

Étape 2
dessus – au-dessus
dessous – au-dessous
sur – sous
devant – derrière

Étape 3
entre – à côté
à gauche – à droite
gauche – droite

(On n'attendra pas une parfaite maîtrise de ces notions.)

Poser à un enfant des questions du type :
« Quels sont tes voisins ? »
« Qui est à côté de toi ? »
« Qui est devant toi ? » « Qui est derrière toi ? »
« Qui est en face de Lucas ? »
« Qui est près de la fenêtre ? »
« Qui est entre Antoine et Aurélie ? »

Demander à un enfant de se déplacer et de se positionner en respectant des consignes utilisant le vocabulaire spatial.

• *Par exemple* :
« Va te placer entre le radiateur et Raphaël. »

3. « Les gendarmes et les voleurs »

Objectifs

Faire utiliser le vocabulaire de l'organisation spatiale.
Aider l'enfant à repérer un objet par rapport à d'autres objets.

Matériel

Deux marionnettes ou figurines pouvant être aisément déplacées.

Déroulement

La marionnette « voleur » se positionne en divers lieux de la classe et en diverses positions, au gré de l'enseignant qui la fait manipuler par un enfant.
Par exemple :
- sur l'épaule d'un enfant ;
- derrière l'enseignant ;
- sous la table ;
- au-dessus de l'étagère ;
- à côté de la fenêtre ;
- etc.

• On appellera ici l'une des marionnettes le « gendarme » et l'autre le « voleur », mais on peut bien évidemment employer d'autres dénominations en fonction du contexte de la classe.

Lorsque le « voleur » a une place fixée, la marionnette « gendarme », manipulée par l'enseignant, pose des questions aux enfants pour connaître l'emplacement du voleur. Elle attend une réponse précise et feint de ne pas comprendre si le vocabulaire utilisé est incorrect ou imprécis. Lorsqu'elle a obtenu une réponse satisfaisante, elle se dirige vers la position indiquée pour retrouver le voleur. Mais, pendant ce temps, le voleur s'est sauvé !...
Reprendre alors l'activité autant de fois que nécessaire.

• Augmenter progressivement le vocabulaire de la marionnette.

II. SE REPÉRER DANS UN ESPACE

1. Se situer dans la classe

Objectifs

Permettre aux enfants de repérer et de décrire les emplacements de différents objets et lieux de la classe.
Faire acquérir les premiers éléments de vocabulaire pour décrire les positions relatives d'objets de l'espace.

Matériel

Les objets de la classe bien connus des enfants.

Déroulement

Au début de l'année scolaire, une partie importante du temps sera consacrée à permettre aux enfants de repérer les emplacements de divers objets de la classe :
– les jeux, les ciseaux, les instruments de musique, etc. ;
– des « lieux » importants qui seront utilisés chaque jour :
  • le « coin » du regroupement collectif, du calendrier... ;
  • la bibliothèque, le lavabo... ;
  • la place éventuelle de chaque enfant à une table...

Faire employer par les enfants, d'une manière progressive, le vocabulaire adéquat avec :

Étape 1	*Étape 2*	*Étape 3*
devant – derrière	dessus – dessous	entre – à côté
près – loin	au-dessus – au-dessous	gauche – droite
	sur – sous	à gauche – à droite

Lorsqu'un enfant formule d'une manière incorrecte, demander à d'autres enfants de l'aider et faire utiliser l'expression correcte.
Demander à un enfant, avant de lui confier la responsabilité d'aller chercher un objet, d'indiquer sa position dans la classe en le repérant par rapport à un lieu ou à d'autres objets.
Inversement, faire placer par un enfant des objets en divers lieux de la classe en indiquant pour chaque objet la position demandée.

• *Par exemple* :
« le lavabo est près de la porte d'entrée. »
« La boîte aux ciseaux est dans l'armoire, au-dessus de la boîte aux crayons »...

• Par exemple :
« Mets le pot de colle sur la table, entre la boîte de jeu et les crayons. »

2. Se situer dans l'école

Objectifs

Permettre aux enfants de repérer et de décrire les différents lieux de l'école.
Faire acquérir les premiers éléments de vocabulaire relatifs à l'espace.

Déroulement

Dès le début de l'année scolaire, et tout particulièrement pour les enfants qui sont scolarisés pour la première fois dans l'école, il est nécessaire de prévoir diverses activités permettant aux enfants de se repérer dans les lieux les plus importants de l'école : les classes, la salle de jeux, la cour, les lavabos, les toilettes, le dortoir, la cantine...

1. La visite de l'école

Prévoir des déplacements dans l'école permettant de visiter tous les lieux importants pour les enfants : la salle de jeux, la cour, les toilettes, le réfectoire, le dortoir, les autres classes... Faire *une exploration complète* de ces lieux en les faisant décrire (forme, couleur, fonction...) et situer les uns par rapport aux autres grâce à un langage spatial adapté. Emprunter pour ces visites l'itinéraire habituel afin de faciliter le repérage par les enfants.
Veiller aussi à replacer l'école dans un cadre plus général. Lorsqu'on explore la cour, faire *indiquer ce qu'on voit* à l'extérieur de la cour ; dans la salle de jeux, faire repérer ce qu'on voit par les fenêtres...
En classe, faire rappeler la visite effectuée. Faire *décrire de mémoire* les lieux visités (leur forme, leur couleur, les occupants...), et leurs positions relatives. Veiller à l'emploi correct du vocabulaire.

2. Repérer sa classe dans l'école

Par rapport aux autres lieux de l'école, la classe de l'enfant constitue un repère privilégié. Exploiter les différentes occasions de déplacement hors de la classe pour approfondir la connaissance des itinéraires permettant de rejoindre la classe. Par exemple, au retour des toilettes, demander à un enfant de guider ses camarades pour retourner en classe.
De retour dans la classe, faire expliquer au responsable le chemin suivi en utilisant le vocabulaire adapté.

• On pourra aussi, lors d'une activité spécifique, sortir de l'école pour l'observer « de l'extérieur », en faire le tour... et exploiter des trajets hors de l'école (gymnase, piscine, visite...).

Structuration de l'espace et du temps

Le temps

DESCRIPTION D'ACTIVITÉS | **REMARQUES**

I. INTRODUCTION DE CALENDRIERS

1. Les calendriers

Objectifs

Faire prendre conscience aux enfants de l'organisation temporelle de l'année représentée par le calendrier.
Introduire la notion de date.

Matériel

Un éphéméride (si possible, avec des feuillets assez grands).
Des grands calendriers de l'année présentant les mois différemment.

Déroulement

Lorsqu'on aura fait prendre conscience aux enfants du cycle de la semaine, ou parallèlement à cette prise de conscience, on peut introduire la recherche de la date quotidienne comportant :

- le jour de la semaine ;
- le quantième du mois (pour les enfants, on dira le numéro du mois) ;
- le mois.

Faire détacher chaque jour le feuillet de l'éphéméride et indiquer (ou faire indiquer selon les possibilités des enfants) le jour de la semaine, le numéro du mois, puis le mois. Insister sur la reconnaissance et la distinction de ces trois éléments dont deux sont des mots (en faire reconnaître la graphie) et l'un un nombre.
Faire coller ces feuillets en une bande horizontale, de gauche à droite.

Faire reconnaître sur un grand calendrier de l'année la date du jour en recherchant successivement le mois, puis le quantième.

Profiter de cette activité pour faire reconnaître des nombres et les nommer pour évaluer la proximité du jour à des événements passés ou à venir (fêtes, anniversaires...).

2. Les calendriers de « l'avant »

Objectif

Aider les enfants à structurer le temps par rapport à un événement à venir relativement proche.

Remarques

- En étape 1, il faut multiplier les représentations des calendriers pour que les enfants prennent conscience de leur variété et de leurs constantes.
- La recherche de la date ne se fera que dans les étapes 2 ou 3.
- Cela peut se faire parallèlement à la construction de la suite des noms des jours de la semaine (voir l'activité page 24). On pourra alors coller le feuillet sous l'étiquette du jour utilisée dans cette activité.
- Cela peut conduire, en cours d'année, à la réalisation d'un calendrier de la classe.

Matériel

Selon la forme choisie pour le calendrier, on pourra se munir :
• de fils pour y accrocher des sacs surprises ;
• d'un grand carton pour y dessiner un château avec des fenêtres qui s'ouvrent en découvrant une image surprise, etc.

Déroulement

Dans l'attente d'un événement important (Noël, la fête de la classe, un voyage...), il est opportun de réaliser avec les enfants un calendrier de « l'avant-événement », 10 à 15 jours avant cet événement.
Pour cela, prévoir une présentation des dates des jours concernés sur un support à choisir (fil avec des sacs accrochés, fenêtres d'un château, etc.).
Chaque jour, après le travail sur la date, demander à un enfant de montrer sur un calendrier de « l'avant » le jour correspondant et de découvrir la surprise du jour (objet dans le sac, image derrière la fenêtre...).
Faire compter le nombre de jours précédant l'événement attendu (selon les possibilités des enfants, on fera un comptage collectif ou individuel).

II. SE REPÉRER DANS LE TEMPS

1. L'emploi du temps de la journée

Objectifs

Faire repérer par les enfants les principaux moments de la journée.
Faire comprendre la succession chronologique des événements perçus.

Matériel

Des cartons sur lesquels seront dessinés des figures ou des symboles représentant des moments de la journée.

Déroulement

1. Visualisation de l'emploi du temps de la journée

Lorsque les enfants ont acquis une bonne connaissance des règles de la vie en classe et des conditions de fonctionnement de chaque période de la journée, leur faire retrouver les faits marquants d'une journée.

• Cette activité pourra être plus valablement conduite à partir du milieu de l'année scolaire.

Par exemple : l'accueil du matin, les ateliers, la récréation, « l'heure des mamans », la sieste...
• On peut éventuellement prendre en compte des événements simultanés. Dans ce cas, on expliquera et on utilisera soigneusement l'expression « en même temps que ».
Faire indiquer ces événements dans l'ordre de leur apparition dans la journée puis conduire à un choix collectif d'un dessin ou d'un signe représentant chacun d'eux.
Demander à plusieurs enfants de reproduire ces dessins ou ces signes sur des cartons.
Faire disposer les cartons dans l'ordre, côte à côte, de gauche à droite, afin de réaliser une « frise du temps ». Vérifier que chaque enfant est capable de repérer et de décoder chaque signe en demandant de désigner l'événement correspondant.

• On peut aussi réaliser des photographies des événements choisis et les utiliser à la place des signes.

2. Utilisation de l'emploi du temps de la journée

Afficher l'emploi du temps de la journée ainsi établi et demander à des enfants, à l'occasion d'échanges collectifs répartis dans la journée, d'indiquer les cartons représentant :

- les événements de la journée déjà écoulés ;
- l'événement de la journée présent ;
- les événements de la journée à venir.

Faire utiliser le vocabulaire temporel permettant de situer les événements les uns par rapport aux autres :
« Avant la récréation, il y a... »
« Après la sieste, on fait... »
On pourra aussi recourir au découpage habituel de la journée en distinguant le matin et l'après-midi.

Exemples :

✳ **La pendule de la journée**

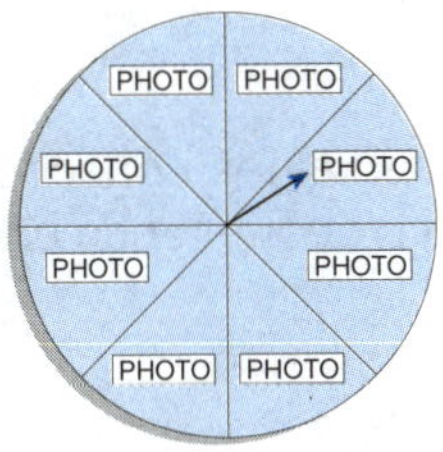

• On peut prendre des photos des différents moments de la journée, les ordonner sur l'horloge et demander aux enfants de placer la flèche au bon endroit selon le moment de la journée.

✳ **La bande de la journée**

On arrive. PHOTO	On se déshabille. PHOTO	... PHOTO	...	...
■	●	→		

• Reprendre la même chose avec les photos de la bande.

Les enfants placent 3 codes sous les photos et les déplacent au fur et à mesure de la journée.

● En ce moment, on... ■ Avant, on a... → Plus tard, on fera...

• Ce codage permet de verbaliser en plus les notions de présent, passé et futur.

2. L'organisation de la semaine

Objectifs

Faire percevoir aux enfants la succession des jours et le cycle de la semaine.
Faire prendre connaissance des noms des jours de la semaine et des expressions « hier », « aujourd'hui », « demain ».

Matériel

Des étiquettes portant les noms des jours de la semaine, chaque étiquette d'un jour ayant une couleur différente de celle d'un autre jour (prévoir environ 4 étiquettes par nom de jour).
Un cadran circulaire portant les noms de jours de la semaine avec des couleurs correspondant aux étiquettes (c'est « l'horloge des jours »).

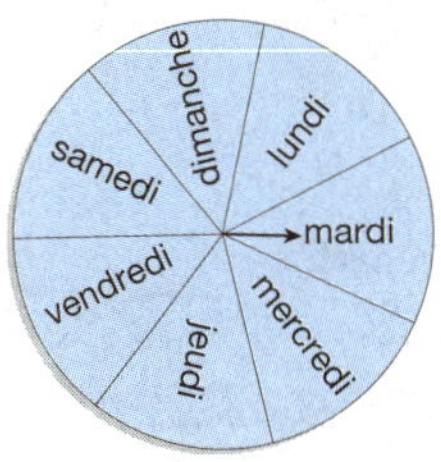

Déroulement

1. Découverte des jours de la semaine

Lors du regroupement collectif du début de la journée, faire procéder à la recherche du nom du jour. Utiliser pour cela une horloge des jours de la semaine : chaque jour, un enfant fait tourner l'aiguille (en prenant en compte, bien entendu, les jours sans classe). Lire (ou faire lire) le nom du jour, le montrer à tous les enfants, faire reconnaître sa graphie, puis faire repérer dans le lot d'étiquettes le nom de ce jour.

• Pour faciliter la reconnaissance du nom du jour, on a associé à chaque jour une couleur (voir comptine bas de p. 24 et p. 25).

Faire placer les étiquettes côte à côte, de gauche à droite, afin de faire apparaître la succession des jours dans un ordre constant :

✳ **La bande des jours**

lundi	mardi	mercredi	

Prolonger cette suite pour faire apparaître plusieurs semaines consécutives (par exemple, la suite comporte toute la durée d'un mois ; on recommence une nouvelle suite au début d'un nouveau mois).

✳ **Le codage vertical**

lundi
mardi
mercredi
jeudi
vendredi
samedi
dimanche

• Ce codage est à utiliser plutôt en étape 3.

✳ **Hier, aujourd'hui, demain**

hier	**était**	
aujourd'hui	**est**	
demain	**sera**	

Poser des questions permettant de placer les jours les uns par rapport aux autres et d'utiliser les termes « hier, aujourd'hui, demain » :
« Quel jour était-on hier ? »
« Quel jour sera-t-on demain ? »

2. Mémorisation de la suite des jours de la semaine

Il est nécessaire d'aider les enfants à mémoriser la suite des jours de la semaine afin de leur permettre d'avoir une bonne représentation du cycle de la semaine. Pour cela, faire réciter des comptines adaptées.

Par exemple :

Le lundi, je le cueille
le mardi, je le mouds
le mercredi, je le passe au tamis
le jeudi, j'en fais une pâte
le vendredi, je la fais cuire
le samedi, je la mange,
et le dimanche, je digère !

Le lundi, tout petit,
le mardi, tout gentil,
le mercredi, à l'abri,
le jeudi, tout étourdi,
le vendredi, dégourdi,
le samedi, endormi,
le dimanche, tout recommence !

Lundi, la souris Pélagie
grimpe tout en haut
avec son ami le mulot.
Mardi, la souris Eugénie
joue au ballon
avec son ami le grillon.
Mercredi, la souris Rosalie
joue à cache-cache dans les feuilles
avec son ami l'écureuil
Jeudi, la souris Léocadie
regarde les éclairs
avec son ami le pic-vert.
Vendredi, la souris Anastasie
danse tout en rond
avec son ami le hérisson.
Samedi, la souris Octavie
fait un concours de grimaces
avec son amie la limace.
Dimanche, la souris blanche
saute dans la gadouille
avec son amie la grenouille.

• Création collective Grande Section Maternelle « Les Clématites », Moulins, Allier.

III. METTRE DES ÉVÉNEMENTS EN ORDRE

1. Le déroulement d'une histoire

Objectifs

Faire prendre conscience de la succession chronologique des événements d'une histoire racontée.
Faire ranger les événements de l'histoire dans l'ordre chronologique.

Matériel

Un livre de contes présentant une histoire dans laquelle figurent des faits marquants simples (par exemple, l'histoire de Roule Galette).
Des images représentant ces faits marquants (elles figurent généralement dans le livre de contes). Prévoir environ 5 images.

Déroulement

Raconter plusieurs fois le conte aux enfants de telle sorte qu'ils puissent s'approprier les principaux éléments. Pendant la lecture, montrer des images représentant des actions particulières.
Lorsque l'histoire est bien connue, profiter d'un moment collectif pour demander :
• de rappeler les principales actions,
• de citer les actions qui se déroulent entre deux événements donnés,
• de citer les actions dans l'ordre de leur déroulement.
Pour cela, demander aux enfants d'utiliser les images représentant les événements. Montrer une image, la faire connaître, puis faire indiquer les actions qui se déroulent avant, celles qui se déroulent après.

• On peut laisser le livre de contes à la disposition des enfants pour qu'ils puissent le feuilleter et le revivre librement.

2. La fabrication d'un objet

Objectifs

Faire prendre conscience de la nécessité de suivre précisément des étapes de fabrication.
Faire représenter ces étapes pour pouvoir les mémoriser ou les communiquer.

Matériel

Un objet complexe composé de plusieurs éléments simples devant être rapportés dans un ordre précis (par exemple, l'utilisation d'un jeu de construction) ou nécessitant un certain nombre d'actions successives pour être construit (par exemple, par une suite de pliages).

• Le nombre d'éléments successifs ou le nombre d'actions ne doit pas dépasser 5.

Déroulement

Montrer aux enfants la construction d'un objet en distinguant nettement les différentes étapes de réalisation et en verbalisant : on fait cela, puis on fait...
Demander à plusieurs enfants de reprendre la réalisation en leur demandant de décrire les différentes étapes. Poser des questions du type :
« Que fait-on en premier ? »
« Que fait-on avant de faire... ? »
« Que fait-on après... ? » Etc.
Faire décrire de mémoire les différentes étapes de la réalisation, sans manipulation.

Si la construction est assez complexe et si on veut la conserver pour la retrouver plus tard ou pour la communiquer à d'autres enfants, faire réaliser un dessin ou un code pour chaque action particulière. Puis faire placer ces dessins dans l'ordre des actions à effectuer.

• On peut envisager de cette manière la réalisation d'une recette, d'un bricolage, d'un jeu...

Utilisation du calendrier (page 21).

Activités logiques

I. Les tris

DESCRIPTION D'ACTIVITÉS	REMARQUES

Objectifs

Mettre en évidence la notion de propriété commune à plusieurs objets.
Faire regrouper les objets possédant cette propriété.

1. Utiliser le matériel de la classe

Matériel

Des objets divers présents dans la classe ou apportés par les enfants, à la demande de l'enseignant, dans le cadre d'une activité prévue.

Déroulement

Prendre plusieurs objets ayant une propriété commune (la couleur, la grosseur, la fonction ; par exemple : des objets qui servent à écrire, etc.) et faire exprimer par les enfants cette propriété.
Demander aux enfants de regrouper tous les objets ayant cette propriété.
Changer de propriété et faire réaliser la même activité.

- On veillera à ce que les objets soient assez dissemblables pour éviter des confusions dans la mise en évidence des propriétés. Ce type d'activité pourra être réalisé dès que se fera sentir la nécessité d'apporter une meilleure organisation à une collection d'objets.

2. Utiliser le matériel de motricité

Matériel

Des objets ayant servi pendant la séance de motricité (balles, ballons, balles de tennis, anneaux, cerceaux, etc.).

Déroulement

Prendre les objets ayant une propriété commune (par exemple, les objets que l'on peut lancer, qui servent à sauter) et faire exprimer par les enfants cette propriété.
Faire rechercher d'autres objets ayant cette même propriété.

II. Les classements

DESCRIPTION D'ACTIVITÉS	REMARQUES

Objectifs

Mettre en évidence la notion de critère de classement (par exemple, classer selon la couleur).
Apprendre à répartir les objets en plusieurs classes en tenant compte du critère défini.

- Il convient de distinguer les notions de tri et de classement (voir page 6).

1. Chaque chose à sa place

Matériel

Des objets divers présents dans la classe ou apportés par les enfants, à la demande de l'enseignant, dans le cadre d'une activité prévue.

Déroulement

Après des activités de jeux, d'ateliers ou lors d'activités motrices, les enfants sont invités à « tout remettre à leur place ». Il s'agit de remettre ensemble des objets qui ont une propriété ou une fonction commune (par exemple, les objets de la dînette, les cerceaux qui ont servi dans la salle de jeux, etc.).

On veillera par ailleurs à introduire des collections formées d'objets hétérogènes (grosseur et formes différentes...) pour éviter l'introduction implicite d'autres critères.

Insister sur le choix du critère de classement : par exemple, on a mis ensemble les objets qui servent à la même chose. Veiller au bon respect de ce critère.

- Dans le coin « travail manuel », classer les objets apportés selon leur destination (on met ensemble les pots de yaourt, les boutons, les perles, etc.).
- Dans le coin « lecture », on met ensemble les livres selon leur type (livres à compter, documentaires, albums..).
- Dans le coin « peinture », on classe les pinceaux, les feutres, les crayons de couleur...
- Dans les activités de jeux collectifs ou de motricité, on se met par équipes, par groupes correspondant à un critère donné...

- On utilise couramment le terme de *rangement* pour désigner ces activités. Il faut savoir que, tout en continuant à employer ce terme avec les enfants, il s'agit ici de la notion mathématique de *classement* et que la notion mathématique de *rangement* est d'une autre nature (voir page 29).

2. Chaque chose à une autre place

Prendre une collection d'objets présents dans la classe et faire apparaître différentes manières de répartir les objets (selon la couleur, selon leur emploi, etc.). Puis faire réaliser le classement par les enfants.
Inversement, un classement étant réalisé, faire exprimer le critère qui a permis de l'effectuer (par exemple, on a mis ensemble tous les livres de la bibliothèque qui avaient le même signe).

III. A – Les comparaisons

DESCRIPTION D'ACTIVITÉS	REMARQUES

Objectif

Réaliser des comparaisons entre deux objets ou deux images.

1. Le jeu des images

Matériel

Des éléments divers de la classe, des images, des photographies comportant des éléments communs.

Déroulement

Lors d'une activité de langage, faire apparaître sur deux objets ou sur deux images d'une même situation les éléments communs et ceux qui diffèrent (on choisira des images d'un faible niveau de complexité). Faire exprimer les enfants à propos des similitudes et des différences (par exemple : l'oiseau a changé de place, il est devant l'arbre...).

2. Le jeu des objets

Matériel

Des objets de la classe ou de la salle de motricité.

Déroulement

Présenter deux objets et demander de les comparer en précisant la nature de la comparaison :
« Quel est le plus grand ? »
« Quel est le plus épais ? »
« Quel est le plus lourd ? »
Etc.
Faire apparaître dans les activités de langage les termes correspondants : grand/petit ; épais/mince ; lourd/léger...

B – Les rangements

DESCRIPTION D'ACTIVITÉS	REMARQUES

1. Le jeu des rangements

Objectif

Faire réaliser des rangements à partir d'un critère simple donné (la hauteur, le poids, la longueur...).

Matériel

Des objets divers de la classe pouvant être facilement mis en ordre suivant un critère donné : baguettes, objets pesants, ronds de différents diamètres, cerceaux, livres...

Déroulement

Lors d'une activité nécessitant la mise en ordre de certains éléments, faire apparaître la nécessité de les ranger à partir d'un critère qui peut être la hauteur, le poids, la longueur, la durée...
Exemples de rangements :
• selon la taille : rangement de plusieurs enfants ;
• selon la longueur : rangement de baguettes, de ficelles... ;
• selon le poids : rangement de boules.

2. À chacun sa place

Objectifs

Faire comparer deux objets en respectant un critère bien déterminé.
Faire trouver les extrêmes dans une collection de quelques objets (le plus « grand » et le plus « petit »).
Faire réaliser des suites ordonnées.
Faire compléter des suites ordonnées.

Matériel

Des objets pouvant être facilement comparés suivant un critère simple.
On utilisera :
• *pour les longueurs*, des baguettes, des ficelles ou des rubans ;

REMARQUES

• Le terme mathématique de rangement se réfère à une mise en ordre selon un critère donné ; il ne faut pas le confondre avec le sens usuel du mot qui se rapporte plutôt à celui de classement (voir page 27).

• Faire intervenir au plus 4 ou 5 objets pour éviter une trop grande complexité du rangement à effectuer.

• Il faut tenir compte du fait que les enfants de cet âge ne maîtrisent pas la transitivité d'une relation d'ordre. Ils doivent souvent comparer les éléments deux à deux, ce qui devient complexe dès que le nombre d'objets grandit.

• Le critère peut concerner une grandeur usuelle (longueur, poids, surface, durée) ou être plus particulier (par exemple, une gradation de couleurs).

- *pour les poids*, des boules de cotillon, des billes d'acier ou en terre ;
- *pour les surfaces*, des carrés ou des ronds de différentes tailles.
- *pour les durées*, des sons produits à l'aide d'instruments de musique, facilement distinguables du point de vue de la durée.

Déroulement

1. Présenter une collection d'objets correspondant à un critère donné de comparaison. Choisir deux objets de la collection (par exemple deux carrés de papier de grandeur différente) et leur demander de les comparer, c'est-à-dire d'indiquer le plus grand et le plus petit. Faire verbaliser la stratégie employée.
2. Montrer la collection entière (formée de 4 ou 5 objets au plus) et demander aux enfants de rechercher l'objet le plus « petit » et l'objet le plus « grand » du point de vue de la grandeur choisie.
3. Faire ordonner les éléments de la collection en une suite, depuis le plus petit objet jusqu'au plus grand, du point de vue de la grandeur choisie (par exemple : ordonner les divers objets depuis le moins lourd jusqu'au plus lourd).
4. Prendre deux ou trois objets de la collection et faire ordonner ces éléments suivant la grandeur choisie. Puis demander à un enfant de prendre un des objets restants et de le placer en ordre pour que la suite des objets reste rangée (on fait compléter la suite ordonnée).

- Il faut introduire un nombre limité d'objets, compte tenu que les enfants devront les comparer deux à deux.
- Il est souhaitable de reprendre plusieurs fois cette suite d'activités en changeant à chaque fois le critère de comparaison et en relation avec l'approche de la notion de mesure.

3. Le jeu des séries : « tout en ordre »

Objectifs

Faire réaliser des suites ordonnées.
Faire compléter des suites ordonnées.

Matériel

Des objets qui s'emboîtent les uns dans les autres (gobelets, paniers...).
Des récipients (par exemple des bouteilles) identiques plus ou moins remplis d'eau.

Déroulement

Présenter la collection des objets aux enfants et faire apparaître la demande de sériation : ordonner les objets selon le critère retenu.
Faire ordonner les éléments de la collection en une suite, depuis le plus petit objet jusqu'au plus grand, du point de vue du critère choisi (par exemple ordonner les divers récipients depuis le moins rempli jusqu'au plus rempli).
Prendre deux ou trois objets de la collection et faire ordonner ces éléments suivant le critère choisi. Puis demander à un enfant de prendre un des objets restants et de le placer en ordre pour que la suite des objets reste rangée (on fait compléter la suite ordonnée).

4. Le jeu de l'objet caché

Objectifs

Reconnaître la place d'un objet dans une suite ordonnée.
Utiliser les relations entre les objets (première approche de la transitivité).

Matériel

Des objets (une dizaine) placés en ordre dans une file (l'ordre peut être déterminé par la comparaison des objets suivant un critère étudié précédemment ; par exemple la longueur, le poids, etc.).

Déroulement

Présenter aux enfants les objets placés en file et indiquer le sens de cette file en précisant, si cela est le cas, que les objets ont été placés du plus petit au plus grand suivant un critère donné (la longueur, le poids, l'aire...).
Donner la règle du jeu. Le maître a choisi un objet de la file. Il faut le retrouver en faisant des propositions au maître. Pour chaque objet proposé par un enfant, le maître répond :
– « Trouvé ! » si l'objet proposé est celui choisi ;
– « Avant ! » si l'objet choisi se trouve avant celui proposé dans la file ;
– « Après ! » si l'objet choisi se trouve après celui proposé dans la file.
Chaque enfant joue à tour de rôle. Le gagnant est celui qui a trouvé l'objet choisi par le maître.

- Pour éviter des difficultés de repérage, il est indispensable que tous les enfants soient dans la même position par rapport au plan de jeu.
- Pour faciliter le repérage de la part des enfants, on peut poser sur l'objet proposé par un joueur un indice : une carte, un gobelet...
- Faire expliquer par les enfants les choix effectués et insister sur tout ce qui est un recours à la transitivité.

IV. Des noms et des codes

DESCRIPTION D'ACTIVITÉS	REMARQUES

Dans le cadre des activités quotidiennes ou de pratique fréquente, les enfants sont souvent conduits à donner un nom à un objet, à une action, à une collection d'objets...
Il peut arriver que ce nom soit traduit par son code social usuel (mot ou symbole le désignant). Par exemple, chaque enfant pourra être désigné par son prénom écrit en lettres, les premiers chiffres seront désignés par leur code « en chiffres »...
La plupart du temps, cependant, on fait appel à des codes conventionnels choisis dans la classe pour désigner, par exemple, les divers moments de la journée, les jours de la semaine, les lieux de la classe, les équipes, les ateliers...

- Il faut insister sur le fait qu'un même signe ne peut désigner qu'un seul objet.

1. La bibliothèque rangée

Objectifs

Mettre en ordre des objets selon un critère.
Coder les objets pour retrouver leur emplacement.

Matériel

Les livres de la classe, de plusieurs formats et de différentes natures, rassemblés dans le coin « lecture ».
Des gommettes de différentes couleurs sur lesquelles on peut dessiner des signes.
Des étagères pouvant recevoir les livres.

Déroulement

Présenter les livres du coin « lecture » en désordre. Proposer aux enfants de trouver une manière de les mettre en ordre.
Les enfants proposent généralement de les placer par taille, en commençant par les plus petits livres. Mais il peut y avoir aussi d'autres critères de rangement : par épaisseur, par couleur (en rangeant les couleurs dans un certain ordre), par thème (en rangeant les divers thèmes dans un certain ordre). Selon les propositions des enfants et les opportunités qui se présentent, choisir un critère de rangement et le faire réaliser. Faire placer sur chaque livre et sur les étagères des gommettes avec des signes indiquant l'ordre de placement des livres.

- Pour certains des critères choisis ici, il y a d'abord une activité de classement suivie d'un rangement des diverses classes obtenues. Par exemple, on classe les livres par thèmes puis on dispose les diverses classes obtenues dans un ordre déterminé qui devra être respecté par la suite.

2. La ronde chantée

Objectif

Faire utiliser les codes de reconnaissance des enfants (signes ou prénoms écrits).

Matériel

Une bande de papier. Des étiquettes avec les signes ou les prénoms des enfants.

Déroulement

Un enfant est désigné pour se charger des étiquettes (le secrétaire). Faire exécuter la ronde par les autres enfants. Lorsqu'un enfant est choisi pour aller au centre de la ronde, demander au secrétaire de coller l'étiquette correspondante sur la bande de papier.
On a ainsi la liste codée des enfants qui sont allés au centre.
Si on joue plusieurs fois, la bande est un moyen de contrôle pour s'assurer que tous les enfants ont été choisis pour aller au centre de la ronde.
Montrer aux enfants une bande codée avec plusieurs étiquettes. Au fur et à mesure du déroulement de la ronde chantée, demander au secrétaire de désigner les enfants dont les signes ou prénoms sont sur les étiquettes.

• Les enfants doivent bien connaître la ronde chantée choisie (par exemple, « Le fermier dans son pré »), ainsi que les signes ou prénoms des enfants de la classe.

V. Les algorithmes

DESCRIPTION D'ACTIVITÉS	REMARQUES

1. Des algorithmes usuels

Objectifs

Faire prendre conscience de l'algorithme : répétition dans un ordre précis de gestes, de sons ou d'objets.
Faire prolonger l'algorithme à partir de la partie répétitive isolée précédemment.

Types d'algorithmes rencontrés dans les activités quotidiennes :

- *les algorithmes gestuels* : répétition de gestes dans un ordre précis réalisés par exemple en éducation motrice (déplacements, rondes...) ;
- *les algorithmes sonores* obtenus à partir de frappés ou à l'aide d'instruments de musique présents dans la classe ;
- *les algorithmes visuels* réalisés à partir d'objets divers comme des perles, gommettes...

• La partie répétitive de ces algorithmes doit rester simple : tout au plus, deux ou trois éléments qui se répètent.

Déroulement

Proposer un algorithme répétitif.
Demander aux enfants de poursuivre cet algorithme.

2. Le jeu des perles

Objectifs

Reconnaître et poursuivre des algorithmes simples.

Matériel

Des perles de différentes couleurs (ou de différentes grosseurs) et des fils pour les enfiler.
Des bandes cartonnées sur lesquelles sont reproduits les débuts de suites algorithmiques.

• Cela peut être aussi des algorithmes géométriques à partir de gommettes, graphiques à partir de tracés...

Déroulement

Demander aux enfants de reproduire des colliers de perles de différentes couleurs et de différentes formes, à partir de règles indiquées sur des bandes cartonnées.

• Cette activité peut être proposée pendant les moments d'accueil.

VI. Les jeux à règles

DESCRIPTION D'ACTIVITÉS	REMARQUES

Définition

D'une manière générale, tout jeu faisant l'objet d'un respect strict de règles convenablement édictées est un jeu à règles.

• Il existe de multiples occasions de pratiquer des jeux à règles en classe et, une fois introduits, ils feront l'objet d'une demande fréquente de la part des enfants.

Objectifs

Les jeux à règles sont des moments privilégiés pour développer chez les enfants des compétences diverses :

• *de socialisation*. Savoir respecter une règle, savoir jouer à son tour, accepter de perdre... ;
• *de réflexion*. Savoir anticiper sur certaines actions et ne pas se fier uniquement au hasard, savoir utiliser l'expérience acquise... ;
• *notionnelles*. Utiliser et réinvestir des savoirs et des savoir-faire dans des domaines variés (numérique, spatial, temporel, langagier...).

Matériel

Des jeux du commerce (jeux de lotos, jeux de dominos).
Des jeux de maisons spécialisées (ASCO, Celda, Nathan, Bourrelier, etc.).
Des jeux fabriqués par le maître.

Déroulement

Pour chaque jeu à règle, il faut mettre l'accent sur chaque compétence énoncée précédemment et mettre en œuvre les points suivants :

– vérifier la compréhension de la règle. Commencer, si c'est nécessaire, par une règle simplifiée et introduire progressivement la règle complète ;
– aider les enfants à prendre conscience de leurs actions, de leurs savoirs et savoir-faire. Les conduire à utiliser l'expérience acquise dans le jeu ;
– faire construire des variantes de règle pour répondre à un besoin précis.

Approche du nombre et de la mesure

Pour faire acquérir le concept de nombre à travers les procédés de comptage et la mémorisation des mots-nombres, il faut mettre en place des rituels systématiques et progressifs approfondissant ces divers aspects. L'approche du nombre et de la mesure sera bien sûr travaillée dans les situations provoquées et dans les ateliers de jeux, mais les rituels participent également à cette approche.

On peut envisager une mini-progression sur les rituels de l'année qui traite les thèmes suivants :
1. Mise en place de la suite des premiers mots-nombres.
2. Mise en place des premiers procédés de comptage et surcomptage.
3. Construction ou comparaison de collections.
4. Mise en place d'outils ou de techniques favorisant l'acquisition du concept de nombre (par exemple utilisation des doigts ou de la bande numérique).

I. La suite des mots-nombres

DESCRIPTION D'ACTIVITÉS	REMARQUES

Objectifs

Faire apprendre la suite des premiers mots-nombres et en faire comprendre la structure (les mots sont spécifiques, l'ordre est imposé, chaque mot ne figure qu'une seule fois).

1. Utiliser des comptines

Faire apprendre aux enfants des comptines utilisant des mots-nombres.

Par exemple :

LA MAIN

Voici ma main
Elle a cinq doigts
En voici deux
En voici trois

Marionnette, petite tapette
Petit doigt fais attention
Car celui-ci te mangera !

Les faire réciter par les enfants et, à cette occasion, leur demander de construire, pour chaque mot-nombre prononcé, la collection de doigts correspondante.

• Dans l'étape 1, se contenter de comptines qui vont jusqu'à 5 ou 6.

2. Jeu de la marionnette

Objectifs

Écouter une production et en juger la validité.

Matériel

Un personnage (de préférence déjà présent dans la classe) qui aura pour fonction de parler aux enfants par l'intermédiaire de l'enseignant (par exemple une marionnette).

Déroulement

Demander aux enfants d'écouter la marionnette réciter la suite des mots-nombres. Signaler qu'elle se trompe parfois et que leur rôle est de trouver les erreurs qu'elle fait.

Lorsqu'une erreur est détectée, la faire corriger en imposant de dire la suite dans le bon ordre. Commencer avec une suite de mots-nombres s'arrêtant avant dix puis augmenter progressivement sa longueur au fur et à mesure des progrès des enfants.

3. Jeu du magnétophone

Objectifs

Écouter une production et en juger la validité.

• Le magnétophone est un instrument très motivant pour les enfants.

Matériel

Un magnétophone destiné à enregistrer les productions des enfants.

Déroulement

Enregistrer au magnétophone le comptage oral de plusieurs enfants (par exemple, par portions, plusieurs enfants intervenant sur la même suite). Puis faire écouter l'enregistrement. Faire relever les erreurs éventuelles et faire corriger.

Augmenter progressivement la longueur de la suite.

4. Suites en un seul jet

Faire apprendre aux enfants des comptines utilisant une suite ininterrompue de mots-nombres, donnée dans l'ordre croissant.

• On envisage ces activités à partir de l'étape 2.

Par exemple :

PIROUETTES

1, 2, 3, 4, 5, 6, 7,
J'ai fait une pirouette.
1, 2, 3, 4, 5, 6, 7,
J'ai déchiré mes chaussettes.
1, 2, 3, 4, 5, 6, 7,
J'ai marché sur mes lunettes.

Pirouette,
Sans chaussettes !
Pirouette,
Sans lunettes !
Sans lunettes sur le nez,
Depuis, je suis mal luné.

Varier les suites pour faire apprendre progressivement la suite des mots-nombres jusqu'à douze. Recourir à des comptines comportant un jeu de question, ce qui permet de faire varier la grandeur de la suite à réciter.

Par exemple :

PETIT OISEAU

Petit oiseau qui vient de la mer,
Combien de plumes peux-tu porter ? (question posée à un enfant)
Réponse de l'enfant : Douze
1, 2, 3, 4, 5, 6, 7, 8, 9, 10, 11, 12.

5. Suites interrompues

A. Faire apprendre **des comptines** dont les mots-nombres sont donnés en ordre croissant avec une interruption par d'autres mots ou avec un fractionnement par tranches. Par exemple :

LE CLOWN MOUSTACHE

Un beau pantalon
Deux grandes godasses
Trois boules sur sa glace
Quatre jolies grimaces
Cinq vilaines taches
Sur son beau veston
C'est le clown Moustache

M. VERDIER

UN PARQUET DE BOIS

Un, deux, trois,
Un parquet de bois
Quatre, cinq, six,
Des clous et des vis
Sept, huit, neuf,
Un ballon tout neuf
Dix, onze, douze,
Un mur de briques rouges
Et une grande échelle
Pour aller au ciel.

PENUEL

• Au début de l'apprentissage, les enfants sont incapables de réciter la suite autrement qu'en un seul jet, à partir de « un ». Un palier important de progrès apparaît lorsqu'ils deviennent capables de s'arrêter, puis de repartir au mot suivant le mot d'arrêt. Les comptines donnant la suite des mots-nombres en plusieurs fois peuvent jouer un rôle dans cette acquisition.

B. La suite croissante

Réciter la suite des mots-nombres à partir de « un » puis demander à un enfant de poursuivre : « un, deux, trois, quatre, qui vient après ? »
Progressivement, ne plus commencer à « un » et raccourcir l'amorce : « quatre, cinq, qui vient après ? »
Demander à un enfant de réciter la suite des nombres à partir de « un ». Au bout de quelques mots, l'interrompre et demander à un autre enfant de poursuivre (jeu du furet). En cas d'erreur, faire corriger par les autres enfants.

6. Compter à rebours

Demander à un enfant de réciter la suite des nombres jusqu'à un mot-nombre donné (par exemple cinq). Lui demander de dire le nombre qui est juste avant.
Lorsque les enfants ont une bonne maîtrise de la recherche du prédécesseur, pratiquer le jeu de la fusée à partir d'un mot-nombre donné.

• Pour répondre, la plupart des enfants de cet âge doivent reprendre la suite à partir de « un », ce qui demande un temps de réflexion et cause des erreurs. Progressivement, leurs réponses deviennent plus spontanées.

7. Jeu de la fusée

Objectifs

Favoriser le comptage à rebours pour le début de la liste des mots-nombres.

• C'est à cette occasion que pourra apparaître le mot-nombre « zéro » : « six, cinq, quatre, trois, deux, un, zéro ! »

Matériel

Un dé. Éventuellement un magnétophone où on a enregistré un bruit simulant le départ d'une fusée.

Déroulement

Faire lancer le dé par un enfant et lui faire dire le nombre de points qu'il lit sur le dé. Lui demander ensuite de compter « à l'envers » à partir de ce nombre pour faire partir la fusée. En cas d'erreur, faire corriger par d'autres enfants.

8. Jeu de l'escalier

Objectifs

Développer la connaissance de la suite des mots-nombres afin de permettre de trouver le suivant et le précédent de chacun des premiers nombres.

Matériel

Un escalier situé dans l'école et ayant au moins six marches. Si cela n'est pas possible, on peut utiliser, de la même manière, une échelle en salle de jeux.
Un dé.

Déroulement

Faire lancer le dé par un enfant et lui faire dire le nombre de points qu'il lit sur le dé. Lui demander ensuite de monter l'escalier en comptant « à l'endroit » à partir de « un » jusqu'à ce nombre, puis de redescendre l'escalier en comptant « à l'envers ». En cas d'erreur, faire corriger par d'autres enfants.

9. Lire les nombres du calendrier

Objectif

Permettre aux enfants de faire la liaison entre le signe d'un nombre et le nom de ce nombre.

Matériel

Des calendriers divers utilisés dans la classe qui font apparaître les quantièmes des jours.
Un éphéméride ou une bande numérique fabriquée (voir la description page 42).

Déroulement

À l'occasion du travail sur le calendrier, conduire les enfants à observer et à faire des remarques au sujet des chiffres. Amener chacun à reconnaître les premiers chiffres et à les lire. Pour ce faire, utiliser la connaissance qu'ont les enfants de la suite des mots-nombres et la suite des nombres à partir de 1, construite avec les numéros de l'éphéméride des jours ou fabriquée spécialement (dans ce cas, on l'appelle la bande numérique).

1	2	3	4	5	6	7	8	9	10

Par exemple, pour trouver le nom du nombre 7, faire pointer l'enfant à partir de 1 et lui demander de réciter la suite des mots-nombres en nommant un mot pour chaque nombre pointé. Veiller à ce que l'enfant s'arrête bien à 7. Dans ce cas, lui faire dire le mot obtenu en insistant bien sur le lien avec le signe 7.

1	2	3	4	5	6	7	8	9	10
un	*deux*	*trois*	*quatre*	*cinq*	*six*	*sept*			

Le nom du nombre 7 est donc « sept ».

• Il n'est pas question de demander ici aux enfants un effort de mémorisation incompatible avec leur développement actuel. Il s'agit seulement de leur donner les moyens de nommer les premiers chiffres.
La bande numérique des nombres de 1 à 10 sera utilisée régulièrement et est décrite plus loin.

II. Comptage et surcomptage

DESCRIPTION D'ACTIVITÉS

1. Compter des collections

Objectifs

Conduire les enfants à utiliser leur connaissance de la suite des nombres pour dénombrer et construire des collections.
Faire acquérir progressivement les principes fondamentaux du comptage.

Matériel

Des objets divers pris dans l'environnement des enfants : cubes, jetons, Lego, livres...

Déroulement

1. Compter des objets

Demander à un enfant de compter des objets disposés devant lui ou situés dans un lieu donné de la classe (moins de 10 objets). À cette occasion, vérifier que l'enfant pointe correctement les objets en prononçant un seul mot de la suite pour l'objet pointé (principe d'adéquation unique) et comprend que le dernier mot prononcé se réfère à la quantité tout entière (principe cardinal).
Faire contrôler la réponse donnée par d'autres enfants. Demander de compter à nouveau les objets dans un autre ordre en faisant constater qu'on obtient le même résultat (acquisition du principe de non-pertinence de l'ordre).

Lors de ces activités de comptage, varier la disposition des objets :

- pour commencer, placer les objets en ligne ou en rangée (le pointage est plus facile, l'enfant a moins de risque d'oublier des objets),
- puis, progressivement, placer les objets en désordre.

Enfin, lorsque les enfants ont acquis de bonnes compétences de comptage, veiller à introduire des objets de nature différente (par exemple, des Lego et des livres) pour faire comprendre que toutes sortes d'objets peuvent être comptés ensemble (principe d'abstraction).

2. Valider un comptage

Placer des objets devant les enfants en précisant : « J'ai compté les objets tout à l'heure, j'en ai trouvé *n* (par exemple, 6). Ai-je bien compté ? » Demander à un enfant de procéder à la vérification. Reprendre plusieurs fois l'activité en provoquant des réponses positives et négatives.

2. Compter silencieusement

Toucher silencieusement, un à un, plusieurs enfants du groupe et inviter les enfants à compter silencieusement. Par périodes laissées au choix de l'enseignant, demander à un enfant de dire à quel nombre il est arrivé.

REMARQUES

- C'est par ces activités que l'enfant prend véritablement conscience de l'intérêt des nombres dans des situations de la vie quotidienne.
- Il peut s'agir aussi de dessins ou de symboles divers. Par exemple compter les absents ou les jours de la semaine.
- Le comptage silencieux pose des problèmes aux enfants. Il est probable que beaucoup éprouveront le besoin de dire les mots à voix basse.

3. Visualiser des petites collections

Entraîner les enfants à pouvoir dire combien il y a d'objets dans une petite collection sans pointer chaque objet mais en faisant une observation globale.

- On se contente de tions de 1 à 4 objets lorsque les objets sont présentés sans disposition particulière. On pourra aller jusqu'à 6 avec des dés ou des dominos.

4. Pratiquer le surcomptage

Objectifs

Faire acquérir les premières procédures de surcomptage.
Développer la compréhension du principe additif. Le nombre d'objets de la réunion de deux collections s'obtient à partir des objets de chacune des collections.

Matériel

Des objets de même nature (par exemple des jetons).
Une boîte ou un sac.

Déroulement

Demander à un enfant de mettre 5 objets dans une boîte vide. Lorsque l'action a été validée par tous, faire placer un objet supplémentaire et poser la question : « Combien y a-t-il maintenant d'objets dans la boîte ? »
Reprendre plusieurs fois l'activité avec un nombre initial d'objets compris entre 1 et 8, selon les possibilités des enfants.
Renouveler l'activité précédente en ajoutant non plus un, mais deux objets.
Placer sur une table entre 5 et 9 objets. Demander à un enfant de compter ces objets à haute voix en les déplaçant. Lorsqu'il est arrivé entre 4 et 6, l'arrêter et placer dans une boîte ou un sac les objets qu'il vient de compter. Lui demander ensuite de poursuivre. Renouveler cette activité avec plusieurs enfants.

- Certains enfants reprennent la suite depuis le début. Les inciter à poursuivre la suite des mots-nombres déjà amorcée en recourant, si nécessaire, à la bande des nombres.

III. Des collections d'objets

DESCRIPTION D'ACTIVITÉS	REMARQUES

1. Pointer les objets d'une collection

Objectif

Rendre l'enfant capable de pointer tous les objets d'une collection en prononçant, pour chacun, un mot-nombre et un seul (principe d'adéquation unique).

- Cette activité importante est un préalable à toute activité de comptage. Elle sera conduite dès l'étape 1.

Matériel

Divers objets pris dans l'univers de la classe. Certains sont mobiles (des cubes, des jetons, des Lego, des livres...), d'autres sont fixes (des tables, des casiers...).
Éventuellement un magnétophone avec la suite des mots-nombres enregistrée.

Déroulement

Montrer aux enfants des objets assemblés sur une table, disposés en ligne. Demander à un enfant de réciter la suite des mots-nombres en pointant dans le même temps les objets de telle sorte que chaque objet soit pointé une fois et une seule et que, pour chaque mot prononcé, un seul objet soit pointé. Vérifier la bonne adéquation entre le pointage et l'énonciation et faire prendre conscience de la nécessité d'une bonne coordination.

- Il faut comprendre que cette tâche n'est pas simple et qu'il est normal que certains enfants soient en difficulté : en raison de la conduite simultanée de deux actions,

Reprendre la même activité en apportant les variantes suivantes :
- les objets ne sont plus placés en ligne, mais sont disposés en vrac tout en restant bien séparés. Dans ce cas, suggérer aux enfants de déplacer les objets ;
- les objets ne sont plus déplaçables ;
- l'enfant ne récite plus lui-même la suite des nombres, mais s'adapte à la récitation de l'enseignant, d'un enfant ou de l'enregistrement d'un magnétophone ;
- varier le rythme d'énonciation (tantôt lent, tantôt rapide).

il peut y avoir des défauts de coordination. Par ailleurs, on ne demande pas aux enfants de donner le nombre d'objets de la collection.

2. Construire des collections

Objectif

Faire construire des collections de nombre donné.

Matériel

Divers objets pris dans l'univers de la classe.
Des cartes avec constellations et des cartes avec chiffres.

Déroulement

Demander aux enfants de construire des collections :
- on montre une carte chiffrée, sortir le nombre d'objets correspondant du sac ;
- on propose une carte avec une constellation, poser autant d'objets que de points présents sur la carte.

• On peut chaque jour faire compter les absents (nombre compris entre 1 et 10 en général) et demander aux enfants de fabriquer une collection-témoin du nombre d'absents.

• L'activité de construction d'une collection de nombre donné est plus délicate que celle qui consiste à dénombrer une collection.

3. Comparer des collections

Objectifs

Comparer deux collections données en utilisant ou non le comptage.
Faire apparaître un vocabulaire spécifique à la comparaison de collections : *autant que*, *plus que*, *moins que*, *trop*, *beaucoup*, *pas assez...*
Faire comprendre qu'une collection n'est pas modifiée si on n'ajoute ni n'enlève rien.

Matériel

Des objets divers de la classe intervenant au gré des sujets abordés.

Déroulement

1. Comparer par une méthode perceptive

Prendre deux collections d'objets tous identiques (par exemple des cubes, des jetons...) pouvant être emboîtés ou empilés. Demander « où il y a le plus d'objets » et faire empiler ou emboîter les objets afin d'effectuer une comparaison par perception visuelle.

• Cette stratégie doit être abandonnée rapidement parce qu'elle peut conduire à des erreurs perceptives si tous les objets ne sont pas de même nature.

2. Comparer par correspondance terme à terme

Prendre deux collections d'objets qui ne peuvent pas être comptées directement par la plupart des enfants (collection dépassant 10 unités).
Demander de dire « où il y a le plus ». Favoriser la verbalisation à propos des deux collections (*c'est pareil*, *il y a plus*, *moins*, *trop*, *pas assez...*). Inciter à trouver une stratégie de comparaison conduisant à placer chaque objet de l'une des collections en vis-à-vis avec un objet de l'autre collection (correspondance terme à terme), puis faire conclure par l'expression convenable.

• Par exemple on peut compter les filles et les garçons de la classe.

• La verbalisation doit permettre une compréhension correcte de la situation. Les enfants ont cependant du mal à utiliser avec rigueur les expressions « autant que,

3. Comparer en comptant
Pour des collections inférieures à la dizaine, inciter à compter pour comparer (il est assez probable que les enfants le proposeront eux-mêmes). Faire apparaître que la collection la plus grande est celle dont le mot-nombre correspondant va le plus loin dans la suite des mots-nombres (par exemple, 7 est plus grand que 4 parce que 7 vient après 4 dans la suite des nombres).

4. Déplacement de collections
Faire construire deux collections équivalentes d'objets manipulables.
Puis faire déplacer les objets de l'une des collections (par brassage, par déplacement en un autre lieu...). Demander aux enfants de comparer à nouveau ces deux collections et recueillir les observations.
Faire procéder à nouveau à une correspondance terme à terme ou à un comptage pour faire apparaître que les deux collections sont équivalentes.
• Il s'agit de faire percevoir progressivement aux enfants que la quantité d'objets d'une collection n'est pas modifiée si on n'ajoute ni n'enlève rien.

plus que, moins que ». On pourra se contenter d'expressions plus approximatives.

• Il est probable que beaucoup d'enfants penseront qu'on a modifié la collection déplacée (« maintenant, il y en a plus », « il y en a moins »). Cette attitude est tout à fait normale, compte tenu de leur âge.

IV. Des outils ou des techniques

DESCRIPTION D'ACTIVITÉS	REMARQUES

1. Les collections-témoins de doigts

Objectifs

Faire associer des collections d'objets à des collections de doigts.
Permettre aux enfants d'exprimer par les doigts des petites quantités, sans devoir nécessairement nommer ces quantités.

Matériel

Des objets divers, présents dans la classe, pouvant être déplacés (jetons, Lego, cartes, perles, etc.).

Déroulement

1. Apparier deux collections
Présenter aux enfants une collection d'objets bien distincts (par exemple, des Lego), en nombre inférieur à 10 et demander à chacun de réaliser avec ses doigts une collection équivalente.
Permettre aux enfants de toucher les objets afin de faire une correspondance terme à terme (l'enfant peut déplacer les objets et poser un doigt sur chacun) puis inciter progressivement à une activité uniquement perceptive.
Au début, se contenter de la collection de doigts présentée, puis, lorsque les enfants ont une bonne réussite, faire nommer les collections obtenues (par exemple : « c'est quatre »).

2. Construire une collection d'objets
Montrer une collection de doigts et demander aux enfants de construire une collection d'objets équivalente (les objets peuvent être différents selon les enfants). Comme pour l'activité précédente, conduire progressivement les enfants à nommer la collection obtenue.

• Au début de l'année, certains enfants peuvent avoir des difficultés à donner un nom à des petites quantités, alors qu'ils peuvent cependant les exprimer à l'aide de leurs doigts.

• Pour les collections dépassant 5, il sera utile de recourir à la suite des mots-nombres. Pour des collections plus petites, la suite des mots-nombres n'est pas obligatoire pour que les enfants associent un mot-nombre à la collection représentée.

3. Utiliser les mots-nombres

Nommer un nombre (inférieur à 10) et demander à chaque enfant de construire une collection de doigts correspondante.

Au cours de ces diverses activités, privilégier, pour les collections de doigts, celles qui n'utilisent qu'une seule main ou qui ne font intervenir la seconde que lorsque la première est « pleine ».
Dans un premier temps, se limiter à des nombres inférieurs à 5 puis augmenter progressivement jusqu'à 9. Les réponses des enfants peuvent être diverses car il n'y a pas unicité de la collection de doigts : par exemple pour faire « huit », on peut prendre 4 doigts de chaque main ou prendre une main entière et 3 doigts sur l'autre.

2. La bande à points

Construire une « bande à points » qui glisse dans un étui permettant de cacher une partie de la bande.

• Faire évoluer la bande à points en fonction des périodes de l'année.

Faire apparaître la liste de 1 à un nombre donné (par exemple 5). Demander à un enfant de nommer le nombre qui suit après avoir observé la bande à points.
Lorsque les enfants maîtrisent bien cette activité, la reprendre en demandant de trouver le nombre qui précède (dans ce cas, c'est l'autre extrémité de la bande qui est visible).

3. La « bande à trous »

• Utiliser cette bande plutôt en étape 3.

Fabriquer une « bande à trous » du même type que la bande à points mais qui laisse apparaître seulement une case.

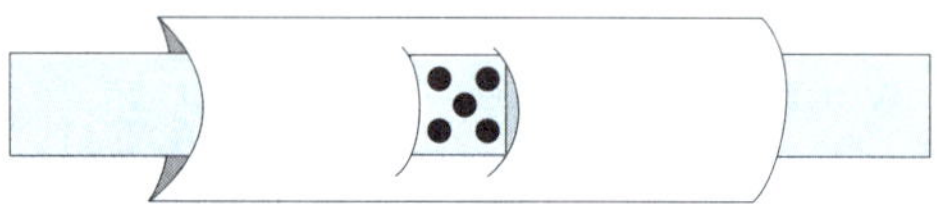

Il s'agit de demander aux enfants de trouver le nombre qui suit et celui qui précède. (Les enfants peuvent annoncer le mot-nombre ou dessiner la constellation.)

4. La bande numérique chiffrée

Objectif

Donner la possibilité de relier l'écriture chiffrée et le mot-nombre correspondant.

Matériel

Une grande bande de papier formée de cases carrées, sur une double rangée, destinée à être affichée dans la classe.
Pour chaque enfant, une bande de papier du même modèle, en plus petit format.

Déroulement

Faire rappeler les divers affichages de chiffres dans la classe : les nombres du calendrier, les chiffres découpés, les numéros de page d'un livre, etc.

• Mettre en place la bande numérique jusqu'à 5 dans l'étape 1. La compléter jusqu'à 8 dans l'étape 2.

À partir de ces constats, construire collectivement une « bande des nombres » sur une grande bande de papier en écrivant les chiffres sur la ligne supérieure et en dessinant les points correspondants dans les cases de la ligne inférieure.

Montrer l'utilisation de cette bande des nombres :
- *pour trouver l'écriture chiffrée d'un nombre.* Par exemple pour le nombre « sept », faire réciter la suite des mots-nombres à partir de « un » jusqu'à « sept » en pointant successivement les cases de la bande :

1	2	3	4	5	6	7	8	9	10				

un deux trois quatre cinq six sept

L'écriture chiffrée du nombre « sept » est donc 7.

- *pour trouver le nom du nombre dont on a l'écriture chiffrée.* Par exemple : pour le nombre 6, faire réciter la suite des mots-nombres à partir de « un » en pointant successivement les cases de la bande et en s'arrêtant sur la case marquée 6 :

1	2	3	4	5	6	7	8	9	10				

un deux trois quatre cinq six

Le nom du nombre 6 est donc « six ».

• Ne pas dépasser 9 ou 10. Les cases restant à droite montrent que la suite des nombres continue, elles pourront être éventuellement complétées au cours de l'année (il peut être nécessaire, dans ce cas, de prolonger la bande).

Faire compléter par chaque enfant sa bande individuelle et la faire plier case par case, en « accordéon ».

5. Les « livres-référents »

Objectifs

Favoriser la reconnaissance et la lecture des écritures chiffrées.
Se servir de ces écritures pour construire des collections.
Faire apparaître des emplois des chiffres dans l'environnement quotidien de l'enfant.

• Les enfants de cet âge ne font pas la distinction entre un chiffre et une lettre.

Matériel

Des documents courants faisant partie de l'environnement de l'enfant sur lesquels apparaissent des chiffres : affiches, documents publicitaires, catalogues, programme de télévision, magazines, les voitures, le sport... Demander aux enfants d'en apporter.
Des grandes feuilles de papier, des ciseaux et de la colle.

• Demander aux enfants de chercher autour d'eux des chiffres de toutes provenances qui serviront à compléter des « livres » de chiffres d'abord collectifs puis individuels.

Déroulement

Rassembler des documents divers faisant apparaître des chiffres. Les faire repérer en les entourant ou en les découpant.
Faire parler les enfants sur leur environnement quotidien : leur âge, leur adresse, le numéro de l'étage, etc. Pour chaque nombre évoqué, faire rechercher collectivement les chiffres qui permettent de l'écrire.

• Si les nombres donnés dépassent 10, il n'est pas question d'en approfondir l'écriture, mais seulement de faire apparaître les chiffres qui permettent d'écrire ces nombres.

Faire coller sur de grandes feuilles les chiffres découpés en les classant par familles : les cinq, les six, etc.

Faire le lien avec les chiffres apparaissant dans la classe : sur le calendrier, sur les pages d'un livre, etc.
Ce classement pourra être affiné au fur et à mesure des apports des enfants et des découvertes effectuées en classe.

On peut prolonger l'activité en arts plastiques en réalisant des panneaux décoratifs avec des chiffres ou des mobiles portant de gros chiffres suspendus (renforcement de l'imprégnation visuelle).

6. Les correspondances visuelles et sonores

Objectif

Faire appel à des collections plus abstraites : objets distribués dans le temps (coups frappés) ou collections montrées visuellement (diapositives).

- On pourra se contenter de collections ne dépassant pas 5 coups frappés parce que la difficulté devient plus grande au-delà.

Matériel

Des collections d'objets placées dans des boîtes.
Un instrument de musique permettant de faire entendre distinctement des coups frappés (tambourin, xylophone, triangle...).
Des diapositives montrant des collections d'objets bien distincts (de 2 à 8 objets).

Déroulement

Frapper des coups avec l'instrument musical, en les distinguant très nettement. Demander aux enfants de rechercher la boîte qui a autant d'objets que de coups.
Montrer une diapositive projetée sur un écran. Demander de trouver la boîte qui a autant d'objets que ce qui est sur la diapositive.

- On peut faire le contraire : montrer une collection d'objets et demander de frapper autant de coups sur l'instrument.

Découverte des jours de la semaine (page 24).

LES SITUATIONS PROVOQUÉES

A. PRÉSENTATION DES ACTIVITÉS POUR CHAQUE ÉTAPE

Étape 1

DOMAINES CONCERNÉS	LIVRE DU MAÎTRE	page	FICHIER DE L'ÉLÈVE	FICHE N°
STRUCTURATION DE L'ESPACE ET DU TEMPS	1 – Le renard et les poules 2 – Le voleur de commissions 3 – Le panier rempli	48 49 49	Identifier des lignes ouvertes et des lignes fermées	1
	1 – Le chemin de la ferme 2 – Le jeu des chemins 3 – Des grains pour les poules	50 51 51	Suivre un chemin	4
	1 – La course dans les labyrinthes 2 – Boucle d'Or perdue dans la forêt 3 – La sorcière et les animaux	52 52 53	Se repérer dans un labyrinthe	7
	1 – Le jeu du train 2 – Le domino des formes 3 – Les boules de Noël 4 – Le jeu des sapins	54 55 55 56	Reconnaître des formes	10
ACTIVITÉS LOGIQUES	1 – De l'ordre dans la cuisine 2 – Les mamans et leurs petits 3 – Le jeu de l'épicier	72 72 73	Classer des objets	2 – 2 bis
	1 – Qui a changé de place ? 2 – Erreur à la ferme 3 – Le domino des arbres	73 74 74	Trouver ce qui manque sur une image	5
	1 – Où est le morceau de puzzle ? 2 – Jeu des publicités 3 – Les habitants de la forêt	75 75 75	Retrouver un objet sur une image	8
	1 – Les petits coquins ! 2 – Au coin de la marchande 3 – La commande au Père Noël	76 76 77	Trouver un intrus	11
APPROCHE DU NOMBRE ET DE LA MESURE	1 – Le jeu des clowns 2 – Le jeu des légumes 3 – Le panier de commissions	91 92 92	Reconnaître des petites collections	3
	1 – Le jeu de dominos 2 – Les œufs et les poussins 3 – La plus grande bande d'animaux de la ferme	93 94 94	Compter avec la bande des nombres	6 – 9
	1 – Bleu ou rouge ? 2 – Les provisions de l'écureuil 3 – Les arbres de la forêt	95 95 96	Reconnaître et écrire les chiffres de 1 à 4	12
	1 – La bonne carte 2 – Jeu du loto 3 – Les cadeaux et les enfants 4 – Les bottes du Père Noël	96 97 97 98	Comparer des collections d'objets	13

Étape 2

DOMAINES CONCERNÉS	LIVRE DU MAÎTRE	page	FICHIER DE L'ÉLÈVE	FICHE N°
STRUCTURATION DE L'ESPACE ET DU TEMPS	1 – Les photos de la journée 2 – La recette de la galette 3 – L'habillage du roi	57 57 58	Ordonner des événements	1 – 1 bis
	1 – Des formes au toucher 2 – Tracer des formes 3 – Des gâteaux différents	58 59 59	Reconnaître des formes	4
	1 – Le domino des positions 2 – J'observe et j'assemble 3 – De l'ordre dans le village 4 – Les alignements des marelles	60 60 61 61	Reproduire avec la même disposition	7
	1 – Le chemin de Petite Puce 2 – Le chemin des masques	62 63	Retrouver un chemin	10
	1 – Des points et des masques	63	Relier des points	13
ACTIVITÉS LOGIQUES	1 – Des boîtes et des voitures 2 – Le jeu des familles 3 – Le domino des galettes	77 78 78	Classer des objets	2 – 2 bis
	1 – Le jeu des équipes 2 – Le jeu des gâteaux d'anniversaire 3 – Le trésor caché	79 79 80	Désigner des objets	5
	1 – Le jeu du loto de l'anniversaire 2 – Le domino des animaux 3 – Le jeu des paires	81 81 82	Établir des relations entre des objets	8
	1 – Le coloriage des maisons 2 – Le jeu des mosaïques	82 83	Utiliser un code pour colorier	11
	1 – Le train des objets 2 – Faisons les clowns ! 3 – Le loto des algorithmes	83 84 84	Continuer des algorithmes répétitifs	14
APPROCHE DU NOMBRE ET DE LA MESURE	1 – Le jeu des perles 2 – Des galettes, des fèves et des enfants 3 – Le jeu du transporteur 4 – Des gâteaux et des bougies	98 99 99 100	Compter des collections Compter des collections	3 6
	1 – Le jeu des trésors 2 – La suite des cartes 3 – Les maisons du village	101 102 102	Compléter la suite des nombres	9
	1 – La bataille des longueurs 2 – La cible 3 – Les serpentins	103 104 104	Comparer des grandeurs	12 – 12 bis

Étape 3

DOMAINES CONCERNÉS	LIVRE DU MAÎTRE	page	FICHIER DE L'ÉLÈVE	FICHE N°
STRUCTURATION DE L'ESPACE ET DU TEMPS	1 – Le jeu du labyrinthe 2 – Le labyrinthe du cirque 3 – Multilabyrinthes	64 65 65	Se repérer dans un labyrinthe	1
	1 – Le papier cadeau 2 – Les tapis de ma grand-mère 3 – Les contre-pages de l'album	66 67 67	Reproduire des algorithmes géométriques	4

STRUCTURATION DE L'ESPACE ET DU TEMPS	1 – L'histoire écoutée 2 – Les fêtes de mon quartier	68 68	Ordonner des événements	7
	1 – Les mosaïques 2 – Quadrillages et formes	69 70	Se déplacer sur un quadrillage	10
	1 – Un puzzle pour les correspondants 2 – Au secours du facteur	70 71	Reconstituer un puzzle	13
ACTIVITÉS LOGIQUES	1 – Les boîtes à malice 2 – Le magicien 3 – Des ballons bleus et rouges	85 85 86	Trouver des différences	2
	1 – Les petits cailloux 2 – La visite de la ménagerie 3 – Les dessins de l'album	86 87 87	Utiliser un codage	5
	1 – Les images identiques 2 – Le cube coquin 3 – La bataille des familles	88 88 89	Établir des relations entre des objets	8 – 8 bis
	1 – Le loto des mosaïques 2 – Le jeu de l'écho 3 – Le jeu des voitures	89 90 90	Continuer des algorithmes répétitifs	11
APPROCHE DU NOMBRE ET DE LA MESURE	1 – Le jeu des bouchons 2 – Les balles du jongleur 3 – Les gens du cirque	105 105 106	Construire une collection de nombre donné	3 – 6
	1 – Les pages qui manquent 2 – De l'ordre dans l'album 3 – La course à dix	107 107 108	Compléter des collections	9
	1 – La course des voitures-taxis 2 – Le meilleur compteur	108 109	Compléter la suite des nombres	12
	1 – Mesurons nos pieds 2 – Les fleurs 3 – Les voitures	109 110 110	Comparer des grandeurs	14 – 14 bis

Les alignements de marelles (page 61).

B. DESCRIPTION DES ACTIVITÉS DANS CHAQUE DOMAINE

Structuration de l'espace et du temps

SITUATIONS PROVOQUÉES	Identifier lignes ouvertes et lignes fermées	FICHIER DE L'ÉLÈVE Fiche n° 1	*ÉTAPE 1* ESPACE – TEMPS

OBJECTIFS *Reconnaître et différencier des lignes ouvertes et des lignes fermées*

Situation 1 : Le renard et les poules

OBJECTIFS SPÉCIFIQUES	MATÉRIEL	DÉROULEMENT	REMARQUES
• Développer les notions de ligne ouverte et de ligne fermée. • Utiliser les notions d'intérieur et d'extérieur d'un domaine fermé.	• Des ficelles, cordes, cerceaux pouvant délimiter des domaines fermés et installés dans un espace assez grand (salle de jeux par exemple).	Placer au sol divers objets (cordes, ficelles, cerceaux... ; leur nombre varie en fonction de l'effectif du groupe d'enfants) pour délimiter des domaines fermés ou non : les «maisons».  Il y a autant de maisons que de joueurs. Les maisons sont placées en rond et les enfants peuvent évoluer autour. • Présenter la règle du jeu aux enfants : un joueur est le loup et les autres sont les poules. Les poules ont des maisons dans lesquelles elles peuvent se réfugier. Mais certaines sont ouvertes et le loup pourra manger la poule qui y entre. • Les poules tournent autour du cercle des maisons en chantant tandis que le loup est à l'écart (par exemple près de l'enseignant). Lorsqu'il le désire, l'enseignant donne un signal (par exemple en frappant dans les mains) et le loup crie : «J'arrive». Les poules doivent alors se réfugier dans les maisons les plus proches, une poule par maison. Le loup peut manger une poule qui se trouve dans une maison qui n'est pas fermée. Dans ce cas, le joueur concerné est éliminé et on recommence le jeu. • Faire utiliser par les enfants le vocabulaire adéquat : «La maison n'est pas fermée.», «Tu es placé à l'intérieur de la maison.», «Le loup est à l'extérieur.»	• Au fur et à mesure de l'élimination des joueurs, on peut supprimer des maisons.

Situation 2 : Le voleur de commissions

OBJECTIFS SPÉCIFIQUES	MATÉRIEL	DÉROULEMENT	REMARQUES
• Développer les notions de ligne ouverte et de ligne fermée. • Utiliser les notions d'intérieur et d'extérieur d'un domaine fermé.	• Des ficelles, cerceaux, cordes posés au sol pour délimiter des domaines variés ou des lignes dessinées au sol à la craie. • Des emballages de produits (boîtes, pots, bidons). • Un panier.	• Les enfants choisissent des emballages de produits (leurs commissions) et vont les placer dans leurs maisons qui sont des lignes fermées ou ouvertes. • Le « voleur de commissions » surgit avec son panier et va voler tous les produits qui sont dans des domaines ouverts.	• On peut jouer avec une demi-classe : les enfants sont les marchands, un seul est le voleur de commissions. • On peut choisir comme «voleur» les enfants qui ont le plus de difficultés dans le domaine topologique.

Situation 3 : Le panier rempli

OBJECTIF SPÉCIFIQUE	MATÉRIEL	DÉROULEMENT	REMARQUES
• Reconnaître une ligne fermée et une ligne ouverte.	• Un dé avec 3 faces représentant un magasin ouvert et 3 faces représentant un magasin fermé. • Des cartes aliments (8 cartes différentes par joueur). • Pour chaque joueur, un panier dessiné sur un carton, avec 8 cases.  • Voir la fiche-ressources p. 128	On joue à 2, 3 ou 4 joueurs. Le but du jeu est de remplir le premier son panier avec les cartes aliments. • À tour de rôle, chaque joueur prend un panier, le pose devant lui et lance le dé. • Si le dé tombe sur une face magasin ouvert, le joueur prend une carte aliment dans le tas disposé au centre de la table. • Si le dé tombe sur une face magasin fermé, il ne prend pas de carte aliment. • Le gagnant est celui qui a rempli le premier son panier avec des cartes aliments toutes différentes. *Exemple de magasin ouvert :* 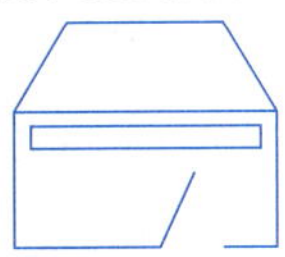 *Exemple de magasin fermé :* 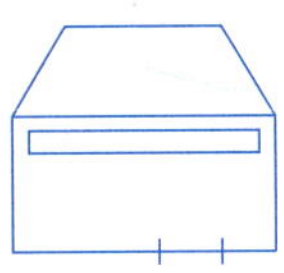	• On peut faire fabriquer les cartes aliments par les enfants en découpant et en collant à partir de publicités.

SITUATIONS PROVOQUÉES	**Suivre un chemin**	**FICHIER DE L'ÉLÈVE** **Fiche n° 4**	*ÉTAPE 1* / ESPACE – TEMPS

OBJECTIF *Suivre un chemin en respectant des contraintes*

Situation 1 : Le chemin de la ferme

OBJECTIFS SPÉCIFIQUES	MATÉRIEL	DÉROULEMENT	REMARQUES
• Réaliser des chemins. • Suivre un chemin en suivant des contraintes.	• Des cordes permettant de réaliser un parcours dans la salle de jeux. Le départ (l'école) et l'arrivée (la ferme) sont matérialisés par des cerceaux.	• Construire le parcours en insistant auprès des enfants sur le départ et l'arrivée (de l'école à la ferme). 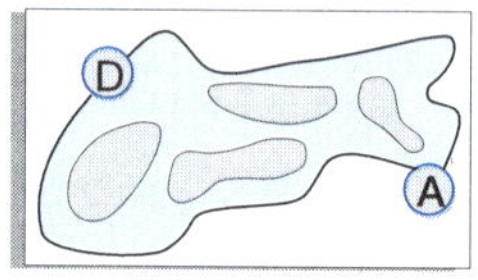 Faire circuler les enfants dans ce parcours. • Placer 6 enfants dans ce parcours (ils représentent des arbres). Demander aux autres enfants de se déplacer de l'école à la ferme en passant devant tous les arbres. • Reprendre l'activité plusieurs fois en changeant les arbres.	• On peut donner aux enfants 6 jetons qu'ils devront déposer, lors de leur passage au pied de chaque arbre, dans une boîte, afin d'éviter des oublis.

Situation 2 : Le jeu des chemins

OBJECTIFS SPÉCIFIQUES

- Réaliser des chemins variés.
- Construire un chemin identique à un chemin déjà réalisé.
- Coder des parcours.

MATÉRIEL

- Des cerceaux, caissettes, bancs, etc.
- Des drapeaux matérialisant le départ et l'arrivée.
- Des feuilles avec l'emplacement des divers objets.

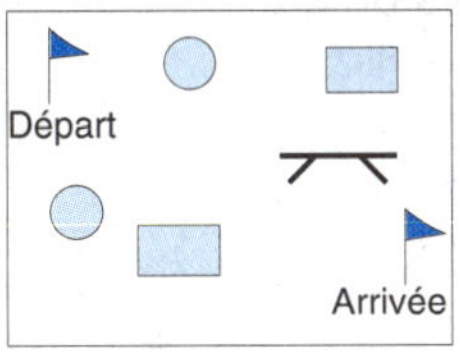

- Des feutres.

DÉROULEMENT

Disposer les objets dans la salle et indiquer le point de départ et le point d'arrivée, matérialisés par des drapeaux.

- Faire réaliser aux enfants des parcours selon leur souhait. Les faire s'exprimer sur leurs choix d'obstacles.
- Faire réaliser un parcours par un enfant. Demander aux autres enfants de réaliser le même.
- Distribuer à chaque enfant une feuille avec l'emplacement des divers obstacles (cerceaux, caissettes, bancs...).

Demander de dessiner sur la feuille le chemin qui vient d'êre réalisé.

Par exemple :

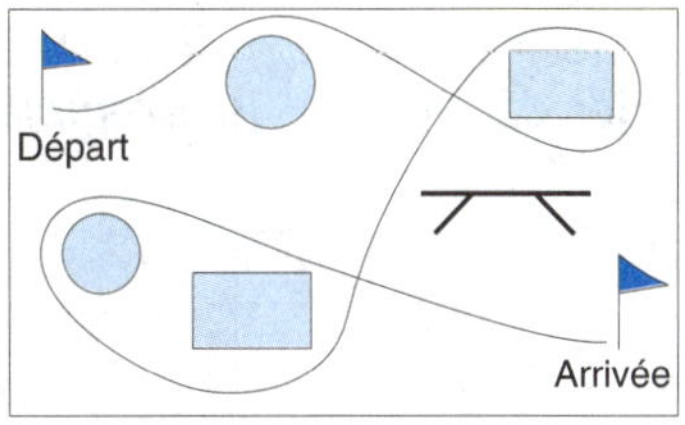

REMARQUES

- Par «parcours», on entend ici : aller du départ à l'arrivée en rencontrant divers objets disposés dans la salle.
- Si les enfants en sont capables, on peut ensuite faire l'activité inverse : montrer aux enfants un parcours codé, qu'ils doivent réaliser.

Situation 3 : Des grains pour les poules

OBJECTIF SPÉCIFIQUE

- Réaliser des déplacements sur un chemin.

MATÉRIEL

- Des petites poules en plastique (animaux de la ferme).
- Des grains de riz, maïs, lentilles.
- Un parcours à dessiner au sol ou sur une feuille (voir la fiche-ressources p. 122).

DÉROULEMENT

On joue à 4 joueurs : 1 fermier et 3 poules.

- Le fermier suit un chemin sur le circuit et dépose sur ce parcours des grains de riz.
- La 1re poule suit exactement le même chemin pour manger les grains de riz.
- Puis le fermier suit un autre chemin et dépose du maïs pour la 2e poule et enfin des lentilles pour la 3e poule.
- Après le jeu, on peut dessiner l'activité avec les 3 chemins des poules (donner un circuit vierge aux enfants).

REMARQUES

- On peut demander aux enfants d'inventer un circuit à dessiner.

SITUATIONS PROVOQUÉES	Se repérer dans un labyrinthe	FICHIER DE L'ÉLÈVE Fiche n° 7	*ÉTAPE 1* ESPACE – TEMPS

OBJECTIF *Se déplacer et se repérer dans un labyrinthe*

Situation 1 : La course dans les labyrinthes

OBJECTIF SPÉCIFIQUE	MATÉRIEL	DÉROULEMENT	REMARQUES
• Apprendre à se repérer dans un labyrinthe.	• Un labyrinthe dessiné au sol. • Des objets de la forêt (glands, noisettes, feuilles). Ils peuvent être dessinés sur des cartons.	• Les enfants se déplacent dans le labyrinthe situé dans la forêt. Ils doivent sortir de la forêt sans s'arrêter. • Sur ce labyrinthe, disposer des objets à ramasser (glands, noisettes, feuilles...). Les enfants sont répartis en deux équipes et doivent traverser le labyrinthe le plus vite possible en ramassant les objets. *Exemple de labyrinthe :* 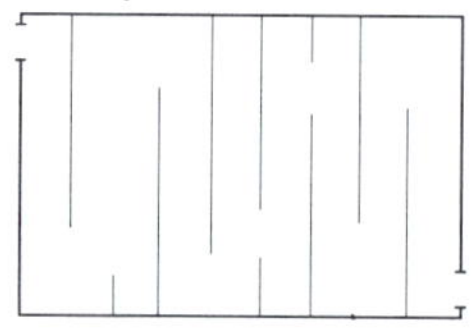	• Pour faciliter le jeu, on peut donner aux premiers joueurs de chaque équipe des paniers qu'ils transmettront ensuite aux joueurs suivants.

Situation 2 : Boucle d'Or perdue dans la forêt

OBJECTIFS SPÉCIFIQUES	MATÉRIEL	DÉROULEMENT	REMARQUES
• S'orienter dans un ensemble complexe. • Anticiper des actions pour se déplacer dans un labyrinthe.	• Des objets hétéroclites, des bols, assiettes, chaises. • Un ours en peluche. • Un panier.	Disposer dans la salle de jeux des objets hétéroclites et les objets correspondant à l'histoire de Boucle d'Or. • Boucle d'Or devra se déplacer en évitant les objets inconnus et en prenant dans son panier tous les objets de l'histoire sans en oublier un, avant d'arriver à la maison des ours (ours en peluche dans un cerceau).	• Il faut connaître l'histoire de Boucle d'Or et les accessoires des ours. • Les autres enfants peuvent préparer une liste des objets à ramasser et Boucle d'Or vérifiera à la fin si elle n'a rien oublié.

Situation 3 : La sorcière et les animaux

OBJECTIFS SPÉCIFIQUES	MATÉRIEL	DÉROULEMENT	REMARQUES
• Se repérer dans un labyrinthe. • Éviter des pièges.	• Un labyrinthe dessiné sur une feuille. • Un dé avec 4 faces vertes, 1 face rouge, 1 face sorcière. • Un pion par joueur (une couleur par joueur). • Voir la fiche-ressources p. 122.	On joue à 2 joueurs. Le but du jeu est d'arriver le premier à la maison de la sorcière qui a enfermé les animaux de la forêt. Il faut éviter les pièges. • Chaque joueur joue à tour de rôle et lance le dé. • S'il tombe sur une face «sorcière», il est tombé dans un piège et retourne au départ. • S'il tombe sur une face «rouge», il attend le prochain tour. • S'il tombe sur une face «verte», il avance son pion jusqu'au rond le plus proche, en choisissant son cheminement lorsqu'il y a plusieurs possibilités. *Exemple de labyrinthe :* 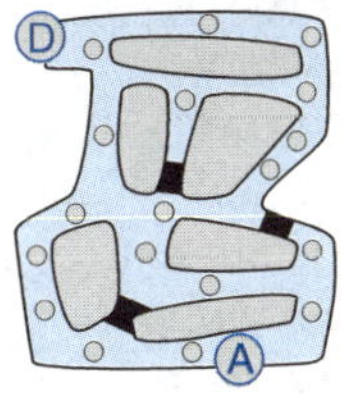	• Il est souhaitable de réaliser d'abord ce labyrinthe en salle de jeux et faire déplacer les enfants de cerceau en cerceau.

Le jeu des voitures (page 110).

SITUATIONS PROVOQUÉES	Reconnaître des formes	FICHIER DE L'ÉLÈVE Fiche n° 10	*ÉTAPE 1* ESPACE – TEMPS

OBJECTIF *Reconnaître des formes*

Situation 1 : Le jeu du train

OBJECTIF SPÉCIFIQUE	MATÉRIEL	DÉROULEMENT	REMARQUES
• Reconnaître des formes simples et les nommer.	• Des objets de forme simple (ronds, carrés, triangles, rectangles) placés dans une boîte. • Un dé sur les faces duquel on a dessiné les formes concernées. • Pour chaque joueur un train dessiné sur un carton comportant 4 ou 5 wagons. Sur chaque wagon, on a dessiné 2 formes.	• Chaque joueur reçoit un carton sur lequel on a dessiné un train. Faire apparaître les formes sur chaque wagon et les faire nommer. Montrer également le dé et la boîte d'objets. • À tour de rôle, chaque enfant lance le dé et nomme la forme qui apparaît sur la face supérieure. Il observe sur son carton s'il a la forme correspondante sur laquelle aucun objet n'a été placé. Dans ce cas, il prend dans la boîte l'objet correspondant et le pose sur son train à l'emplacement correct. • Le gagnant est celui qui a rempli le premier son carton. Prolongement. On peut faire intervenir des critères supplémentaires rendant le jeu plus complexe. Par exemple, colorier les formes sur le carton et sur le dé. Dans ce cas, le joueur doit prendre l'objet ayant la bonne forme et la bonne couleur. *Exemple de wagon :* 	• Chaque carton ne contient pas nécessairement le même nombre de formes de chaque sorte. Tous les cartons doivent être différents. • Sur le train, les formes ne doivent pas être disposées toujours de la même manière, pour faire apparaître l'invariance de la forme selon la position.

Situation 2 : Le domino des formes

OBJECTIF SPÉCIFIQUE	MATÉRIEL	DÉROULEMENT	REMARQUES
• Repérer des formes planes dans diverses positions.	• Un jeu de dominos réalisé avec des formes simples : rond, carré, triangle, rectangle. 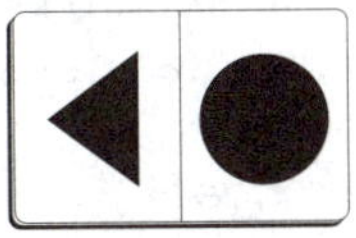	On joue suivant la règle du jeu classique de dominos qui aura été préalablement présenté aux enfants. • Faire d'abord une application collective de la règle en demandant de nommer les formes, puis par groupes de 3 ou 4 enfants, selon le nombre de dominos. Variante. On peut aussi introduire le critère de la couleur, ce qui a pour effet d'augmenter le nombre de dominos et la difficulté du jeu.	• Pour les quatre formes proposées, il existe en tout 10 dominos différents, doubles compris. Si on désire un plus grand nombre de dominos, on peut réaliser plusieurs dominos avec les mêmes formes.

Situation 3 : Les boules de Noël

OBJECTIF SPÉCIFIQUE	MATÉRIEL	DÉROULEMENT	REMARQUES
• Reconnaître des formes simples : ronds, carrés, triangles, rectangles.	• Des formes de boules de Noël photocopiées sur des cartons. • Des gommettes de couleurs de différentes formes. • Des boîtes portant les signes 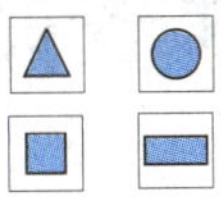	Les enfants reçoivent des cartons comportant des formes de boules de Noël (polycopiées ou photocopiées). Ils ont également des gommettes des 4 formes et de différentes couleurs. • Demander de décorer les boules en n'utilisant qu'une seule forme de gommettes mais avec des couleurs variées (on peut choisir des algorithmes répétitifs). • Les enfants doivent ensuite aller placer leur carton dans la boîte correspondante. • On peut jouer à un jeu de familles (à 4 joueurs) chacun étant responsable d'une forme.	 • En graphisme, faire préalablement décorer des boules de Noël avec ronds, carrés, triangles et rectangles.

Situation 4 : Le jeu des sapins

OBJECTIFS SPÉCIFIQUES	MATÉRIEL	DÉROULEMENT	REMARQUES
• Reconnaître des formes simples et les nommer.	• Un plan de jeu par joueur. • Une boîte contenant les formes mélangées (trois couleurs différentes) correspondant aux emplacements dessinés sur le sapin. • Un dé des formes : 2 faces ○, 2 faces △ 2 faces □. • Un dé des couleurs (2 faces de chaque couleur).	On joue à 2 joueurs. Le but du jeu est de remplir le premier son sapin. On donne à chaque joueur un plan de jeu sur lequel est dessiné un sapin avec des formes géométriques représentant les décorations du sapin (3 formes, 3 couleurs). Voir la fiche-ressources p. 128. • Chaque joueur lance les dés et doit prendre la forme correspondant aux indications des dés après l'avoir nommée correctement. *Par exemple : «Je prends un carré rouge !»*	• On peut introduire un dé avec les constellations 1, 2, 3 et jouer alors avec le dé des formes et des constellations. • Exemple de plan de jeu : 

Le puzzle des animaux (jeu n° 13. Math en Pousse 388328)

SITUATIONS PROVOQUÉES	Ordonner des événements	FICHIER DE L'ÉLÈVE Fiches n°s 1 et 1 bis	*ÉTAPE 2* ESPACE – TEMPS

OBJECTIF *Ordonner des événements de façon chronologique*

Situation 1 : Les photos de la journée

OBJECTIF SPÉCIFIQUE	MATÉRIEL	DÉROULEMENT	REMARQUES
• Placer des événements d'une journée dans un ordre chronologique.	• Photographies prises durant les semaines précédentes, représentant des activités courantes réalisées durant la même journée et se reproduisant quotidiennement (7-8 photos).	Montrer les photographies aux enfants et leur demander de les identifier clairement en les faisant s'exprimer à leur sujet. Poser des questions du type : *«Quelle photographie est la première ?», «Quelle est la dernière ?», «Qu'est-ce qui se passe en même temps que... ?», «Quelle photographie est avant... ?», etc.* • Demander ensuite aux enfants, dans le cadre d'un travail collectif, de ranger les photographies en ordre chronologique. • Mélanger à nouveau les photographies et en extraire 4 ou 5. Demander à un enfant de réaliser le rangement en ordre chronologique de ces photographies. Si nécessaire, reprendre plusieurs fois cette activité. • Pour finir, coller ces photographies sur une bande de papier placée horizontalement, afin de réaliser la «bande du temps» de la journée. • Pour les événements simultanés, les coller les uns au-dessus des autres sur la bande.	• On propose une seule photographie de chaque activité et des activités qui se déroulent simultanément (par exemple des ateliers parallèles). Selon le niveau des enfants, on peut d'abord travailler la succession des activités et dans un second temps, la simultanéité.

Situation 2 : La recette de la galette

OBJECTIF SPÉCIFIQUE	MATÉRIEL	DÉROULEMENT	REMARQUES
• Placer des images dans un ordre chronologique.	• Des feuilles et des feutres. • Une cassette audio et un magnétophone.	• Enregistrer au magnétophone la recette de la galette des rois. • Faire coder les différentes étapes de la recette après l'avoir réalisée (on obtient des dessins sur des feuilles). • Faire placer les dessins dans l'ordre après les avoir mélangés. • Faire valider la mise en ordre par l'écoute de la cassette et corriger si nécessaire. Prolongement • On peut réaliser cette activité tout au long de l'année scolaire et construire ainsi un livre des recettes de la classe.	• Si cette activité présente trop de difficultés, on peut utiliser les emballages des ingrédients qui ont servi à la confection de la galette.

Situation 3 : L'habillage du roi

OBJECTIF SPÉCIFIQUE	MATÉRIEL	DÉROULEMENT	REMARQUES
• Ranger des photos d'un enfant de la classe dans un ordre chronologique.	• Des photos (5 ou 6) représentant les différentes étapes du déguisement d'un enfant (*par exemple, en roi*).	Présenter les photos aux enfants et les faire s'exprimer. • Faire ranger les photos dans l'ordre. • Demander à un enfant de se déguiser en suivant l'ordre des photos. • Corriger si cela est nécessaire.	

SITUATIONS PROVOQUÉES	Reconnaître des formes	FICHIER DE L'ÉLÈVE Fiche n° 4	*ÉTAPE 2* ESPACE – TEMPS

OBJECTIF *Reconnaître des formes*

Situation 1 : Des formes au toucher

OBJECTIFS SPÉCIFIQUES	MATÉRIEL	DÉROULEMENT	REMARQUES
• Reconnaître les formes géométriques en utilisant la sensation tactile. • Décrire une forme en utilisant un vocabulaire géométrique très simple.	• Des objets ayant des formes géométriques simples (par exemple, blocs logiques ; prévoir deux séries d'objets identiques). • Une grande boîte en carton percée de chaque côté d'un trou (de telle sorte que les enfants puissent passer les mains pour toucher les formes sans les voir).	• Séparer les deux séries d'objets et en placer une dans la boîte trouée. • Faire décrire les objets de la série visible en faisant toucher les objets. • Faire utiliser très précisément un vocabulaire géométrique simple : « c'est rond », « c'est carré »... • Faire choisir un objet de la série visible par un enfant, le faire manipuler et lui demander de retrouver le même dans la boîte en touchant uniquement les objets. • Faire sortir l'objet de la boîte et demander à l'enfant de vérifier son choix. • Reprendre plusieurs fois cette activité avec d'autres enfants.	• Inviter les enfants à toucher les objets du bout des doigts pour profiter au maximum des possibilités tactiles.

Situation 2 : Tracer des formes

OBJECTIFS SPÉCIFIQUES	MATÉRIEL	DÉROULEMENT	REMARQUES
• Reconnaître des formes. • Permettre aux enfants de réaliser des tracés de figures en utilisant des gabarits. • Comprendre la nécessité du soin et de la précision des tracés.	• Des gabarits de formes géométriques découpés dans du carton rigide. • Des pochoirs de formes géométriques découpés dans du carton rigide. 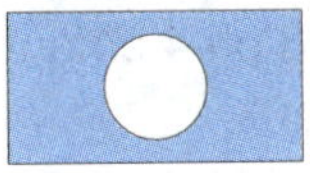 pochoir 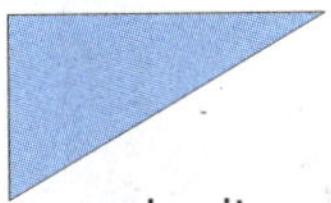 gabarit • Des bandes de carton permettant de tracer des droites parallèles. • Des disques permettant de tracer des courbes.	Il s'agit de permettre aux enfants de réaliser des tracés de formes géométriques dans des conditions plus satisfaisantes que le simple tracé à la main, nécessairement approximatif, et sans recourir à la règle qui reste d'un maniement trop complexe à cet âge. <u>Utiliser des gabarits et des pochoirs.</u> • Montrer aux enfants les gabarits et les pochoirs de formes géométriques simples. • Faire identifier et nommer ces formes. • Faire expliquer comment on peut reproduire ces formes en utilisant le gabarit ou le pochoir : – pour le gabarit, on tourne autour ; – pour le pochoir, on tourne à l'intérieur. Insister sur la nécessité de garder le crayon en contact avec le bord du gabarit ou du pochoir. • Demander à chaque enfant de réaliser des essais sur une feuille de papier. Corriger les erreurs d'utilisation. • Faire réaliser un ensemble plus complexe avec ces instruments (par exemple un papier peint). <u>Construire un circuit de voitures.</u> • Pour la réalisation d'un circuit sur le sol ou sur une grande feuille de papier, faire utiliser par les enfants : – des bandes de carton permettant de réaliser sans peine des droites parallèles ; – des disques en carton permettant de tracer les virages.	• On peut aussi utiliser du matériel du commerce, par exemple des figurines planes à encastrer (jeux d'encastrement). • Ce travail peut être effectué dans le cadre d'un projet de classe.

Situation 3 : Des gâteaux différents

OBJECTIFS SPÉCIFIQUES	MATÉRIEL	DÉROULEMENT	REMARQUES
• Reconnaître les formes géométriques en utilisant la sensation tactile. • Décrire une forme en utilisant un vocabulaire géométrique simple.	• Des formes en carton juxtaposées représentant des gâteaux. • Des foulards. • Des dessins des gâteaux proposés.	• Les enfants ont les yeux bandés. Des formes de gâteaux en carton leur sont proposées, ils doivent les toucher et s'en souvenir. • Ils doivent ensuite aller rechercher le dessin du gâteau qu'ils ont touché et qu'ils pensent reconnaître. On peut commencer par des gâteaux comportant 2, 3 puis 4 formes différentes.	• On peut faire rechercher aux enfants des modèles de gâteaux en leur donnant des gabarits des 4 formes. 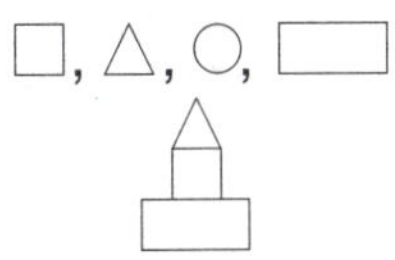

SITUATIONS PROVOQUÉES	Reproduire avec la même disposition	FICHIER DE L'ÉLÈVE Fiche n° 7	*ÉTAPE 2* ESPACE – TEMPS

OBJECTIF *Observer des objets et leurs positions relatives*

Situation 1 : Le domino des positions

OBJECTIF SPÉCIFIQUE	MATÉRIEL	DÉROULEMENT	REMARQUES
• Repérer des objets dans diverses positions et orientations.	• Un jeu de dominos réalisé avec des photographies d'objets : pour un même objet, 2 photographies dans des orientations différentes (par exemple : un objet vu de face et de profil).	On joue suivant la règle du jeu classique de dominos qui aura été préalablement présentée aux enfants. • Faire d'abord une application collective de la règle en demandant de verbaliser les positions des objets, puis par groupes de 3 ou 4 enfants, selon le nombre de dominos.	• On obtient un domino en collant côte à côte deux photographies.

Situation 2 : J'observe et j'assemble

OBJECTIFS SPÉCIFIQUES	MATÉRIEL	DÉROULEMENT	REMARQUES
• Observer les propriétés spatiales d'un objet. • Assembler un objet à l'identique à partir de ses divers éléments.	• Des objets divers pouvant être assemblés. Les jeux de construction sont particulièrement adaptés (cubes, Lego...).	• Présenter aux enfants des éléments pouvant être assemblés pour obtenir un objet plus complexe : cubes, Lego, etc. • Demander aux enfants de les manipuler et de réaliser avec eux des constructions diverses. Faire expliquer le scénario de la construction. *Par exemple : « J'ai placé ce cube à côté, puis l'autre au-dessus... »* • Réaliser devant les enfants une construction simple et demander à un enfant de faire une construction identique. • Montrer aux enfants une construction déjà réalisée (donc les différentes étapes ne sont pas détaillées devant eux) et demander à un enfant de faire une construction semblable.	• On peut motiver les enfants en leur demandant de construire les maisons du village. Un enfant fait une maison et son voisin doit construire une maison identique.

Situation 3 : De l’ordre dans le village

OBJECTIFS SPÉCIFIQUES	MATÉRIEL	DÉROULEMENT	REMARQUES
• Observer les positions relatives d’objets dans un espace. • Reproduire la disposition observée. • S’exprimer en employant le vocabulaire spatial.	• Des petits objets de jeux de construction (maisons, églises, immeubles, voitures, arbres...). • Un grand carton.	• Séparer l’espace où l’on joue par un grand carton. – Un premier groupe d’enfants dispose les éléments du village comme il le souhaite. – L’autre groupe d’enfants vient observer la disposition pendant quelques secondes puis va la reproduire de son côté. • On peut leur demander de s’exprimer pendant la réalisation.	Variante On peut partir de deux dispositions identiques, faire varier quelques éléments et demander ce qui a changé.

Situation 4 : Les alignements des marelles

OBJECTIF SPÉCIFIQUE	MATÉRIEL	DÉROULEMENT	REMARQUES
• Percevoir les relations spatiales entre des objets en mettant l’accent sur l’alignement d’objets.	• Des marelles dessinées sur des feuilles. • Des jetons de couleur.	On joue à 2 joueurs. • Un enfant dispose des jetons de couleur sur sa marelle. Le second enfant doit disposer les mêmes jetons aux mêmes endroits sur sa propre marelle. • Un joueur enlève des jetons n’importe où, le second doit enlever les mêmes. Reprendre plusieurs fois en permutant les rôles. • On fait le même jeu mais cette fois on n’a pas l’aide des lignes. • On peut jouer à ramasser le plus de pions alignés par 3.	Phases 1 et 2 : 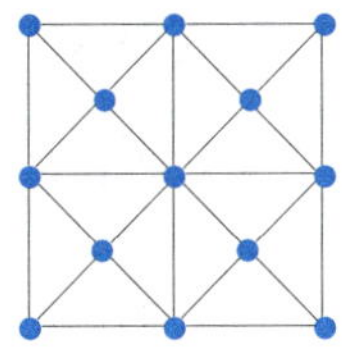 Phase 3 : 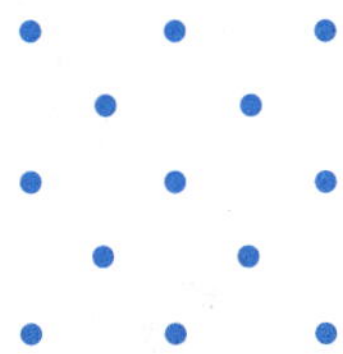

SITUATIONS PROVOQUÉES	Retrouver un chemin Relier des points	FICHIER DE L'ÉLÈVE Fiches nos 10 et 13	*ÉTAPE 2* ESPACE – TEMPS

OBJECTIFS *Retrouver un chemin. Joindre des points à main levée en suivant un code*

Situation 1 : Le chemin de Petite Puce

OBJECTIF SPÉCIFIQUE	MATÉRIEL	DÉROULEMENT	REMARQUES
• Retrouver un chemin à partir d'une description orale ou codée.	• Une histoire et des objets représentant les divers animaux de l'histoire (lapin, chat, chien, loup...). • Des cordes permettant de matérialiser au sol divers chemins. • Des bandes de carton sur lesquelles sont dessinés les animaux (respecter le sens de lecture de la gauche vers la droite). • Voir la fiche-ressources p. 122.	• Raconter l'histoire d'un enfant Petite Puce, qui rencontre dans la forêt un lapin, un chat, un chien puis un loup. • Demander aux enfants de rappeler l'ordre dans lequel Petite Puce a rencontré les animaux. • Matérialiser au sol un itinéraire ainsi que les objets qui représentent les animaux. • Faire parcourir par un enfant un chemin possible. Le cas échéant, faire trouver d'autres chemins possibles en respectant bien l'ordre de passage des animaux dans l'histoire. • Demander à un enfant de parcourir un chemin et d'indiquer les animaux qu'il rencontre, dans l'ordre. Faire effectuer ce même parcours par un autre enfant. • Montrer une bande de carton sur laquelle est dessinée une suite d'animaux. Faire effectuer par un enfant le parcours correspondant, en respectant bien l'ordre des animaux, de gauche à droite. Reprendre plusieurs fois cette activité avec de nouvelles bandes. Prolongement On peut demander à des enfants de coder des chemins en dessinant les animaux à rencontrer, dans l'ordre, sur une feuille. D'autres enfants sont alors chargés de décoder ces chemins.	• Toute histoire ou conte décrivant un parcours peut être utilisé (*cf.* « Roule galette »).

Situation 2 : Le chemin des masques

OBJECTIFS SPÉCIFIQUES

- Construire des chemins dans un ensemble complexe, les coder et les décoder.

MATÉRIEL

- Un plan de jeu portant « une carte routière ».
- 16 cartes « départ » (D).
- 16 cartes « arrivée » (A).
- 25 cartes « masques » (5 fois 5 masques différents).
  On peut trouver des modèles dans les fichiers de l'élève, fiche n° 10, étape 2.

DÉROULEMENT

On joue à 4 joueurs. Chacun possède 4 cartes départ et 4 cartes arrivée que l'on pose près de soi.

- On distribue 4 cartes masques à chaque joueur. Les autres cartes masques restent au talon.
- À tour de rôle, chaque joueur regarde si les cartes en sa possession lui permettent de coder un chemin. Si c'est le cas, il doit alors poser sur la table une carte départ, les cartes masques qui conviennent et une carte arrivée pour coder son chemin. Il doit ensuite suivre sur le plan de jeu le chemin qu'il a trouvé. Sinon, il prend une carte masque sur le talon et c'est au joueur suivant de jouer.
  Exemple de « carte routière »

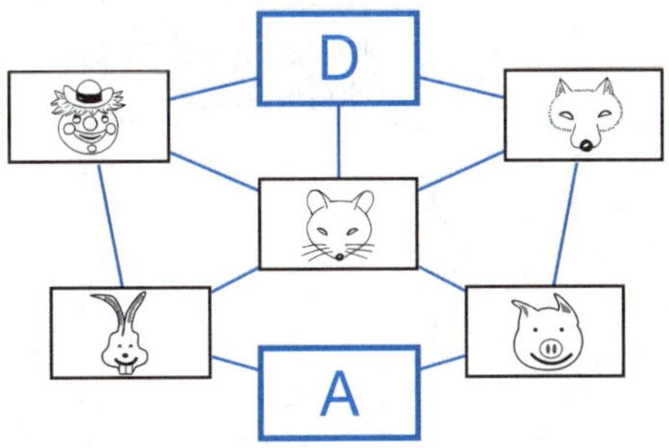

- Le jeu s'arrête lorsqu'il n'y a plus de carte dans le talon et qu'aucun joueur ne peut proposer un chemin.
- Le vainqueur est celui qui a fait le plus grand nombre de chemins.

REMARQUES

- Dans chaque case, on peut dessiner les masques choisis par les enfants pour le carnaval et les reproduire sur les cartes.

Situation 3 : Des points et des masques

OBJECTIFS SPÉCIFIQUES

- Relier des points en suivant un code.
- Se déplacer dans l'espace graphique.

MATÉRIEL

- Des grands panneaux portant des points de couleurs différentes.
- Des feutres.

DÉROULEMENT

- Par groupe, les enfants doivent relier des points de formes ou de couleurs différentes pour reconstituer un masque.
  Par exemple :

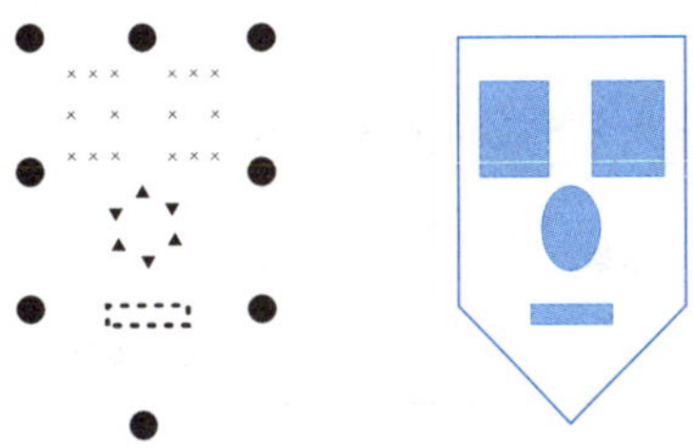

REMARQUES

- Les enfants peuvent dessiner un masque avec des formes simples, choisir un code de couleurs puis avec du papier calque poser les codes de couleur au bon endroit.

SITUATIONS PROVOQUÉES	Se repérer dans un labyrinthe	FICHIER DE L'ÉLÈVE Fiche n° 1	*ÉTAPE 3* ESPACE – TEMPS

OBJECTIFS *Se déplacer et se repérer dans un labyrinthe*

Situation 1 : Le jeu du labyrinthe

OBJECTIFS SPÉCIFIQUES	MATÉRIEL	DÉROULEMENT	REMARQUES
• S'orienter dans un ensemble complexe dont on a une vision globale. • Anticiper des actions pour se déplacer dans un labyrinthe.	• Un labyrinthe dessiné sur une feuille de carton (50 x 50 cm). • Un jeton de couleur.	• Montrer le labyrinthe aux enfants et placer un jeton de couleur au centre. Puis préciser la règle du jeu : à tour de rôle, chaque joueur doit trouver un chemin au jeton, conduisant du centre du labyrinthe à la sortie, sans entrer dans une impasse, et en allant le plus vite possible. • Faire surveiller par les autres enfants l'activité du joueur.	• On peut plastifier le labyrinthe pour que les enfants puissent dessiner des parcours effaçables. L'activité est plus facilement contrôlable si l'enfant trace un chemin sur le labyrinthe.

Exemple de labyrinthe :

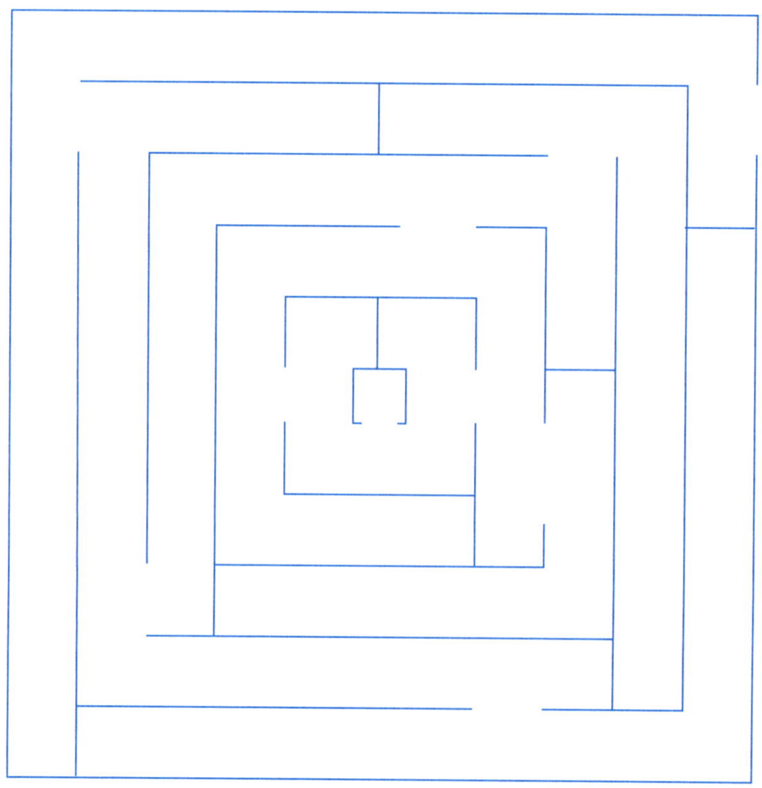

Situation 2 : Le labyrinthe du cirque

OBJECTIFS SPÉCIFIQUES	MATÉRIEL	DÉROULEMENT	REMARQUES
• S'orienter dans un espace complexe. • Anticiper des actions pour se déplacer.	• Un labyrinthe dessiné au sol ou sur un plan de jeu. • Des accessoires de clowns (nez rouge, perruque...). • Des lions (crinières en raphia...). • Des bonbons.	Certains enfants (2 ou 3) sont les clowns, d'autres (2 ou 3) les lions du cirque. • Ils vont se placer sur les chemins aux endroits qu'ils veulent en essayant de bloquer les passages. • Les autres enfants doivent traverser le cirque en rencontrant le plus de clowns possibles (ils leur donneront des bonbons) et en évitant les lions qui les mangeraient. *Exemple de circuit :* 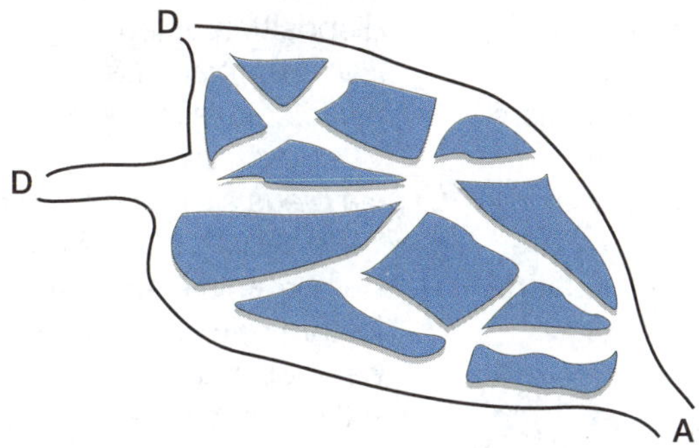	• On peut faire fabriquer des plans de jeu par les enfants.

Situation 3 : Multilabyrinthes

OBJECTIFS SPÉCIFIQUES	MATÉRIEL	DÉROULEMENT	REMARQUES
• S'orienter dans un espace complexe. • Apprendre à anticiper des actions.	• Les labyrinthes des fiches-ressources page 122. • Des gommettes. • Des feutres de couleur.	• Placer un objet à une entrée du labyrinthe et un objet à une sortie. Demander de trouver un ou plusieurs chemins pour réunir les deux objets. • Reprendre la même activité, mais des gommettes collées à certains endroits ne permettent plus de passer. • On cherche à placer deux objets aux issues pour que les chemins qui les relient soient le plus court ou le plus long possibles. • On place quatre personnages aux issues. Ils doivent se rencontrer deux à deux mais leurs parcours ne peuvent pas se croiser.	• Utiliser des couleurs pour tracer plusieurs chemins. • Utiliser des fils pour comparer la longueur des chemins.

SITUATIONS PROVOQUÉES	Reproduire des algorithmes géométriques	FICHIER DE L'ÉLÈVE Fiche n° 4	*ÉTAPE 3* ESPACE – TEMPS

OBJECTIF *Reproduire des algorithmes simples*

Situation 1 : Le papier cadeau

OBJECTIFS SPÉCIFIQUES	MATÉRIEL	DÉROULEMENT	REMARQUES
• Percevoir une organisation géométrique du plan. • Reconnaître et poursuivre un algorithme en deux dimensions.	• Des morceaux de papier peint ou papier cadeau. • Des éléments de ces papiers découpés en carrés pour permettre une reconstitution.	• Faire observer des morceaux de papier peint ou de papier cadeau. Demander aux enfants de reconnaître les différents motifs, leur disposition et leur organisation. *Par exemple : « La petite fille à la robe rouge est ici. On la retrouve au-dessus et en bas. », « Les oiseaux rouges sont dans un sens et les bleus sont dans l'autre. », etc.* • Faire utiliser à cette occasion le vocabulaire de l'organisation spatiale et mettre en évidence le caractère algorithmique répétitif d'un papier peint ou d'un papier cadeau. • À l'insu des enfants, cacher différents motifs et leur demander de les retrouver en indiquant la nature du motif ou sa position. • Proposer de reconstruire le papier cadeau ou le papier peint à partir de motifs découpés en carrés et placés en désordre dans une boîte. Laisser les enfants tâtonner et faire utiliser correctement le vocabulaire adéquat de l'organisation spatiale. Lorsque l'organisation des motifs a été retrouvée, les faire coller sur une feuille. • Reprendre l'activité en demandant d'inventer un nouveau papier cadeau à partir des mêmes motifs mais en choisissant une organisation différente. • Prolongement : à la manière de... Demander aux enfants de fabriquer un papier cadeau à partir de tampons (représentant des personnages, des fleurs...), de gabarits ou encore de pochoirs. Faire ensuite colorier en respectant l'algorithme.	• Choisir des papiers aux motifs simples (de préférence figuratifs et peu nombreux, pas trop d'originalité dans la disposition). • On peut utiliser la technique de l'impression à la pomme de terre.

Exemple de papier cadeau

Situation 2 : Les tapis de ma grand-mère

OBJECTIFS SPÉCIFIQUES	MATÉRIEL	DÉROULEMENT	REMARQUES
• Percevoir une organisation géométrique du plan. • Reconnaître et poursuivre un algorithme en deux dimensions.	• Des morceaux de tissu ou de papier peint découpés en carré. • De la colle. • Des grandes feuilles de papier comme support. • Des catalogues d'ameublement.	Raconter une histoire. *Par exemple : « Ma grand-mère fabriquait des couvertures en assemblant des petits carrés de tissu. »* • Faire observer des tissus d'ameublement de type patchwork. • Travail par groupes de 4 : les enfants essaient d'organiser leurs carrés de tissu pour réaliser un tapis en suivant un algorithme. *Par exemple* : 	• On peut lire l'histoire *Le Patchwork*, de G. Vincent, coll. Ernest et Célestine, éditions Duculot. • Cet exercice peut être le prétexte pour réaliser une couverture d'album.

Situation 3 : Les contre-pages de l'album

OBJECTIFS SPÉCIFIQUES	MATÉRIEL	DÉROULEMENT	REMARQUES
• Percevoir une organisation géométrique du plan. • Reconnaître et poursuivre un algorithme en deux dimensions.	• Des albums illustrés présentant des contre-pages avec un algorithme dans le plan (*exemple :* la série des TOMTIRA, éd. du Sorbier). • Des morceaux de papier avec 1 ou 2 motifs différents. • Des feuilles et de la colle.	• Observer les contre-pages des albums illustrés. • Reproduire la contre-page pour un nouvel album dans la même série. • Faire inventer par les enfants de nouvelles contre-pages avec 2 motifs. • Faire un choix parmi les réalisations des enfants et faire réaliser les contre-pages de l'album fabriqué collectivement.	• Cette activité peut servir à la correspondance scolaire.

SITUATIONS PROVOQUÉES	**Ordonner des événements**	**FICHIER DE L'ÉLÈVE** **Fiche n° 7**	*ÉTAPE 3* ESPACE – TEMPS

OBJECTIF *Ordonner des événements de façon chronologique*

Situation 1 : L'histoire écoutée

OBJECTIFS SPÉCIFIQUES	MATÉRIEL	DÉROULEMENT	REMARQUES
• Faire correspondre des images à une histoire écoutée. • Mettre les images dans l'ordre chronologique.	• Des histoires enregistrées au magnétophone. • Des illustrations correspondant à des épisodes de l'histoire.	• Faire écouter aux enfants une histoire au magnétophone. • Faire mettre dans l'ordre les images correspondant à l'histoire écoutée. • Variante Le maître place les images correspondant à l'histoire écoutée en désordre. Les enfants doivent les remettre dans l'ordre.	• On peut enregistrer les histoires des albums illustrés et photocopier les illustrations.

Situation 2 : Les fêtes de mon quartier

OBJECTIFS SPÉCIFIQUES	MATÉRIEL	DÉROULEMENT	REMARQUES
• Repérer des événements et les situer dans le temps. • Ordonner ces événements les uns par rapport aux autres.	• Des photos et des articles du journal local.	• Repérer dans la presse les articles et les photos qui concernent les événements intéressants du quartier, de la commune ou de la ville *(par exemple dans le but de les faire connaître aux correspondants).* • Les classer ensuite dans un album, dans l'ordre, au fur et à mesure des parutions. • Si les pages se mélangent, prendre des repères pour pouvoir les ranger à nouveau (faire inventer un codage ou numéroter les pages).	• On peut noter les dates de ces événements pour s'en servir ultérieurement (surtout les mois).

SITUATIONS PROVOQUÉES	Se déplacer sur un quadrillage	FICHIER DE L'ÉLÈVE Fiche n° 10	*ÉTAPE 3* ESPACE – TEMPS

OBJECTIFS *Se repérer et se déplacer sur un quadrillage*

Situation 1 : Les mosaïques

OBJECTIFS SPÉCIFIQUES

- Reconnaître des formes simples et les nommer.
- Se repérer sur un quadrillage pour reproduire un motif.

MATÉRIEL

- Des pièces de mosaïques de couleurs différentes.
- Des quadrillages vierges et des gommettes.
- Des cartons de mosaïque préparés pour être reproduits

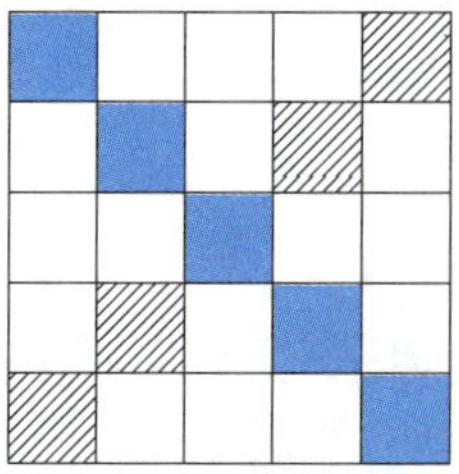

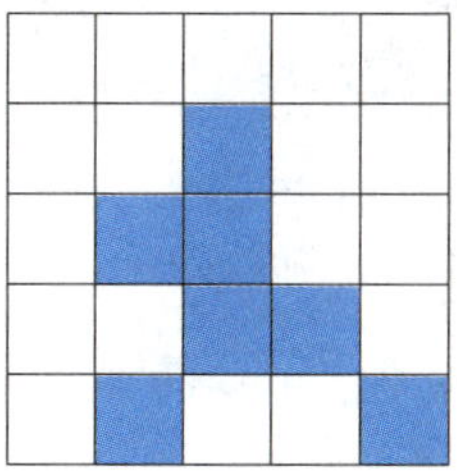

DÉROULEMENT

- Constructions libres de mosaïques.
  Présenter aux enfants des exemples de mosaïques déjà réalisées (tableau, tapisserie, photographie, carrelage...).
  Montrer des éléments de mosaïques de diverses couleurs et proposer de réaliser des mosaïques libres à partir de ce matériau.
- Construction de mosaïques suivant un modèle imposé.
  Donner à chaque enfant (ou par groupe de deux enfants) une grille vierge et un modèle de mosaïque sur une grille de même forme et même dimension que la grille vierge.
  Demander aux enfants de reproduire le modèle sur la grille vierge, avec les éléments de mosaïque à sa disposition. (Ces éléments peuvent être identiques à ceux de la phase précédente. On peut aussi proposer des gommettes à coller.)

Types de modèles pouvant être proposés :
- des modèles figuratifs. Il s'agit de modèles reproduisant un objet reconnaissable par l'enfant (animal, personnage...) ;
- des modèles géométriques. Il s'agit de reproduire une figure géométrique donnée ;
- des modèles algorithmiques. Le modèle précise la règle de reproduction que l'enfant doit alors poursuivre.
  Par exemple :

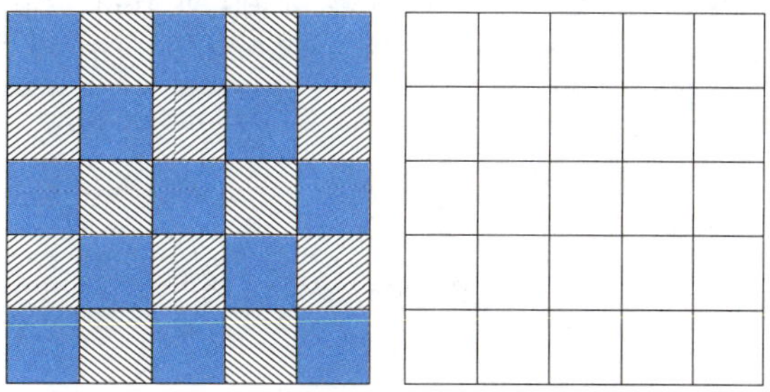

REMARQUES

- On peut utiliser des mosaïques du commerce à usage pédagogique, mais aussi des pièces de carrelage (qui peuvent par ailleurs fournir un stock d'objets à compter).
- S'il s'agit d'éléments de mosaïque simples (en particulier carrés), il est souhaitable de fournir aux enfants un support de même forme et de même dimension facilitant le placement des carreaux.

Situation 2 : Quadrillages et formes

OBJECTIFS SPÉCIFIQUES	MATÉRIEL	DÉROULEMENT	REMARQUES
• Effectuer des repérages et suivre une consigne pour se déplacer sur un quadrillage.	• Quadrillages dessinés sur des feuilles. • Des petits blocs logiques ou des formes de même type. • Des pions.	On joue à 2 joueurs. • Un enfant dispose au hasard des blocs logiques sur son premier quadrillage. Un autre enfant doit disposer à son tour ses blocs dans des positions identiques sur les cases de son propre quadrillage. • Un enfant pose des blocs de plusieurs couleurs sur son quadrillage. Le second enfant doit poser seulement sur son quadrillage, à la bonne place, les blocs correspondant à une couleur choisie préalablement (par exemple, les jaunes). • Jeu du téléphone. Plusieurs enfants jouent successivement et le quadrillage du dernier enfant doit ressembler à celui du premier.	• Reprendre plusieurs fois cette activité en inversant les rôles. • Le joueur ne peut observer que le quadrillage précédent.

SITUATIONS PROVOQUÉES	Reconstituer un puzzle	FICHIER DE L'ÉLÈVE Fiche n° 13	*ÉTAPE 3* ESPACE – TEMPS

OBJECTIFS *Fabriquer et reconstituer des puzzles*

Situation 1 : Un puzzle pour les correspondants

OBJECTIF SPÉCIFIQUE	MATÉRIEL	DÉROULEMENT	REMARQUES
• Faire fabriquer des puzzles par les enfants.	• Des dessins d'enfants. • Du carton, de la colle et des ciseaux. • On peut utiliser des puzzles blancs prédécoupés. (voir catalogue Nathan Matériel Éducatif.)	• Faire réaliser des dessins aux enfants. Les photocopier (les photocopies seront les modèles). • Coller le modèle sur une feuille de carton léger. • Faire tracer des lignes au dos du carton puis faire découper le plus précisément possible. • Envoyer les éléments du puzzle aux correspondants avec le modèle.	• On peut faire coder les morceaux de plusieurs puzzles après avoir observé les codages de puzzles existants. On peut alors mélanger tous les morceaux et faire une activité de tri.

Situation 2 : Au secours du facteur

OBJECTIF SPÉCIFIQUE	MATÉRIEL	DÉROULEMENT	REMARQUES
• Rechercher des indices permettant de reconstituer un puzzle.	• Des cartes postales (de préférence non figuratives). • Préparer ces cartes de deux manières : – 1er lot (6-7 cartes) : sur chaque carte découper au cutter une forme donnée, – 2e lot (3-4 cartes) : découper chaque carte en plusieurs morceaux selon un plan de découpage identique pour toutes les cartes.	• Présenter des enveloppes dans lesquelles sont placées des cartes postales comportant un « trou » (cartes postales du premier lot). Montrer par ailleurs les morceaux découpés. Donner la consigne : « *Le facteur est très ennuyé, un farceur a découpé ses cartes postales. Mais il a retrouvé les morceaux découpés. Il faut l'aider à reconstituer ses cartes avant qu'il les remette à ses destinataires.* » Faire effectuer le travail dans le cadre d'une démarche collective, puis par groupes. Demander d'expliquer les choix effectués. • Reprendre la même activité avec le second lot de cartes (reconstitution de cartes puzzles). • Variante. Pour cette seconde version, on peut, dans un premier temps, proposer les modèles (photocopiés) aux enfants pour les conduire plus facilement à la reconstitution.	• Pour chaque carte, cela doit être exactement la même forme avec les mêmes dimensions. Par exemple : un carré, un triangle. Par contre, ne pas découper cette forme au même endroit et dans la même position sur chaque carte.

Le jeu des facteurs
(jeu n°16. Math en pousse 388328).

Les activités logiques

SITUATIONS PROVOQUÉES	Classer des objets	FICHIER DE L'ÉLÈVE Fiches n°s 2 et 2 bis	*ÉTAPE 1* LOGIQUE

OBJECTIF *Faire réaliser des tris et des classements selon des critères*

Situation 1 : De l'ordre dans la cuisine

OBJECTIFS SPÉCIFIQUES	MATÉRIEL	DÉROULEMENT	REMARQUES
• Découvrir la notion de propriété d'un objet. • Effectuer des tris et des classements selon différents critères.	• Les objets du coin-dînette (assiettes, verres, couverts, casseroles, service à café, etc.).	• Rassembler tous les objets pêle-mêle dans un carton. • Demander aux enfants de les classer pour les installer dans le coin-dînette. • Faire chercher plusieurs possibilités de classement suivant : – la nature de l'objet ; – la couleur de l'objet ; – la fonction de l'objet. • Demander de disposer les objets dans le coin-dînette selon les critères de classement choisis collectivement.	• On peut faire coder l'emplacement de chaque série d'objets.

Situation 2 : Les mamans et leurs petits

OBJECTIFS SPÉCIFIQUES	MATÉRIEL	DÉROULEMENT	REMARQUES
• Découvrir la notion et la propriété d'un objet. • Effectuer des tris et des classements selon différents critères.	• Des peluches, apportées par le maître, grandes et petites, de plusieurs sortes (2 éléphants, 2 lapins, 2 koalas, 2 ours...).	• Faire classer les peluches en fonction de plusieurs critères (faire découvrir les critères par les enfants) : l'espèce ; la taille, etc. • Demander aux enfants d'apporter des peluches pour enrichir ainsi le classement. • Faire jouer au jeu de l'intrus (mélanger des peluches). Les enfants doivent trouver l'intrus et expliquer pourquoi il n'est pas à sa place.	• On peut réaliser la même activité ensuite en proposant des découpages d'animaux.

Situation 3 : Le jeu de l'épicier

OBJECTIF SPÉCIFIQUE	MATÉRIEL	DÉROULEMENT	REMARQUES
• Rechercher des propriétés communes à plusieurs objets.	• Des fruits et des légumes réalisés par les enfants (ou achetés). • D'autres aliments (poisson, viande, œufs). • Des emballages d'aliments. • Voir les fiches-ressources p. 123 et 124.	• Installer un coin-marchande dans la classe. • Poser le problème : « *Comment ranger tous ces objets à vendre ?* » Classements possibles. – Nature : fruits, légumes... – Forme : rond, allongé... – Autres critères : grosseur, poids... • Faire ranger les objets dans les caisses en fonction des critères dégagés.	• Les objets doivent être suffisamment complexes pour que la recherche des caractéristiques communes ait un intérêt.

SITUATIONS PROVOQUÉES	Trouver ce qui manque sur une image	FICHIER DE L'ÉLÈVE Fiche n° 5	*ÉTAPE 1*
			LOGIQUE

OBJECTIF *Faire découvrir des différences entre deux situations*

Situation 1 : Qui a changé de place ?

OBJECTIF SPÉCIFIQUE	MATÉRIEL	DÉROULEMENT	REMARQUES
• Trouver des différences entre deux situations.		Les enfants sont dans la salle de jeux : – 10 enfants font deux rondes de 5 ; – les autres sont spectateurs. • Faire nommer les enfants de chaque ronde. • Un enfant du groupe des spectateurs sort. Puis un enfant de chaque ronde permute. L'enfant sorti rentre et doit trouver les 2 enfants qui ont changé de ronde. • Reprendre plusieurs fois l'activité en changeant les rôles.	• On peut augmenter le nombre d'enfants qui font la ronde. Puis celui des enfants qui changent de ronde.

Situation 2 : Erreur à la ferme

OBJECTIFS SPÉCIFIQUES	MATÉRIEL	DÉROULEMENT	REMARQUES
• Retrouver des éléments manquants. • Exercer sa mémoire visuelle.	• Du matériel de tri : des animaux de la ferme (voir catalogue Nathan). • Une feuille par enfant. • Des feutres. • Voir la fiche-ressources p. 125.	• Constituer une scène avec le matériel. • Constituer une seconde scène identique avec des éléments manquants (1 ou 2). Faire dessiner par les enfants les éléments manquants. (Les dessins doivent être faciles à réaliser.) • Refaire l'activité en proposant une autre scène de départ.	• On peut utiliser le matériel de l'« atelier topologie 1, 2 » (catalogue Nathan). • Si les enfants ont des difficultés à dessiner, on peut leur donner des dessins d'animaux qu'ils auront à découper et à coller.

Situation 3 : Le domino des arbres

OBJECTIFS SPÉCIFIQUES	MATÉRIEL	DÉROULEMENT	REMARQUES
• Distinguer sur plusieurs objets ce qui est semblable et ce qui ne l'est pas. • Renforcer la notion de propriété.	• Dominos des arbres : deux formes d'arbres (grand, petit) et trois couleurs (bleu, jaune, rouge). (On obtient 21 dominos, doubles compris.)	Présenter les dominos et la manière dont ils sont constitués (il est possible que les enfants connaissent déjà le jeu de dominos). • Lancer le jeu en précisant soigneusement la règle. Deux possibilités s'offrent ici : – on utilise la règle usuelle du jeu (on place deux dominos l'un à côté de l'autre si les deux parties qui se juxtaposent sont identiques) ; – on propose une règle du jeu légèrement différente : on place deux dominos l'un à côté de l'autre si les deux parties qui se juxtaposent ont exactement un élément différent *(par exemple : ce sont deux arbres de même forme qui n'ont pas la même couleur).* • Insister sur la verbalisation des choix des enfants.	• Bien entendu, on peut choisir d'autres motifs et faire varier le nombre de dominos. • L'activité de fabrication des dominos peut être proposée aux enfants. • La seconde règle du jeu est à utiliser seulement en étape 2 ou 3.

SITUATIONS PROVOQUÉES	**Retrouver un objet sur une image**	**FICHIER DE L'ÉLÈVE** **Fiche n° 8**	*ÉTAPE 1* / LOGIQUE

OBJECTIF *Faire retrouver un objet sur une image*

Situation 1 : Où est le morceau de puzzle ?

OBJECTIF SPÉCIFIQUE	MATÉRIEL	DÉROULEMENT	REMARQUES
• Retrouver un objet sur une image.	• Les puzzles de la classe avec les modèles photocopiés (un par enfant).	• Distribuer à chaque enfant un « modèle ». • Le maître montre un morceau du puzzle. • Faire chercher par les enfants le morceau correspondant sur leur photocopie. • Reprendre plusieurs fois cette activité. • On utilisera d'abord des puzzles avec peu de pièces puis d'autres plus compliqués.	• On peut faire colorier sur le modèle le morceau correspondant au morceau montré.

Situation 2 : Le jeu des publicités

OBJECTIF SPÉCIFIQUE	MATÉRIEL	DÉROULEMENT	REMARQUES
• Retrouver des morceaux d'images.	• Deux publicités très différentes, découpées en morceaux. • Photocopies de ces publicités.	• Distribuer aux enfants les photocopies des deux publicités et les faire décrire (pour faciliter leur reconnaissance). • Montrer des morceaux des publicités. • Faire entourer par les enfants les morceaux correspondants sur les photocopies.	• On prendra soin de choisir des publicités très différentes (une peut être en relation avec le thème du moment).

Situation 3 : Les habitants de la forêt

OBJECTIFS SPÉCIFIQUES	MATÉRIEL	DÉROULEMENT	REMARQUES
• Énumérer une liste d'objets. • Reconnaître un objet sur une image.	• Une feuille sur laquelle se trouve une scène de la forêt. Cette feuille est découpée en morceaux. • Photocopies de la scène (une par enfant).	• Faire reconnaître par les enfants tout ce qui est dessiné sur la feuille distribuée à chacun. • Présenter un morceau de la scène de la forêt. Demander à chaque enfant de retrouver le morceau sur sa feuille, de le montrer puis de le colorier. • *Exemple de la scène :* 3 arbres, 3 oiseaux, 1 écureuil, 1 biche, 1 sanglier. Voir les fiches-ressources p. 122 et 125.	• On peut aussi, au lieu de colorier, demander aux enfants de faire un signe au bon endroit sur leur feuille.

SITUATIONS PROVOQUÉES	Trouver un intrus	FICHIER DE L'ÉLÈVE Fiche n° 11	*ÉTAPE 1* LOGIQUE

OBJECTIF *Identifier une propriété commune pour trouver un intrus*

Situation 1 : Les petits coquins !

OBJECTIFS SPÉCIFIQUES	MATÉRIEL	DÉROULEMENT	REMARQUES
• Établir des classements. • Identifier un intrus.		• Partager la classe en 2 groupes et faire sortir un groupe. Puis faire rechercher des critères de classement par le groupe restant (garçons-filles ; les porteurs de pantalons et les autres ; les porteurs de lunettes et les autres...). Faire rentrer l'autre groupe et demander de trouver le critère de classement. Puis le faire sortir à nouveau. • Modifier le classement des enfants restants de façon qu'il y ait des intrus (*par exemple, un garçon qui n'a pas de lunettes avec ceux qui en ont*). Rappeler l'autre groupe et lui faire rechercher ces intrus. • Reprendre cette activité en permutant les groupes.	• Avec des enfants bien habitués, on peut demander de trouver les intrus sans leur avoir montré préalablement le classement effectué. Ils doivent donc à la fois trouver le critère de classement et les intrus.

Situation 2 : Au coin de la marchande

OBJECTIFS SPÉCIFIQUES	MATÉRIEL	DÉROULEMENT	REMARQUES
• Identifier une propriété commune aux objets d'un ensemble. • Repérer des intrus.	• Les objets du coin-marchande. • Des intrus : une bouteille d'huile, une savonnette, un emballage de médicament, un baril (vide) de lessive, etc.	Conduire les enfants dans le coin-marchande de la classe. • Faire nommer par les enfants ce que l'on peut acheter. • Faire ajouter par quelques enfants des intrus (*par exemple : une savonnette dans la cagette des poireaux, etc.).* • Faire trouver ces intrus par les autres enfants. • Réaliser la même activité dans le coin-dînette : – Faire mettre le couvert par un ou deux enfants. – Faire ajouter des intrus (une bouteille d'huile à la place de la bouteille d'eau, un feutre à la place du couteau...). – Faire trouver les intrus par les autres enfants.	• On peut faire cette activité sans coin-marchande (avec quelques caisses dans lesquelles sont disposés des emballages, des fruits, des légumes, des feutres...).

Situation 3 : La commande au Père Noël

OBJECTIFS SPÉCIFIQUES	MATÉRIEL	DÉROULEMENT	REMARQUES
• Identifier une propriété commune à plusieurs objets. • Trouver un intrus.	• Des jouets découpés dans un catalogue et collés sur une bande : ▢▢▢▢ • Mettre un intrus sur chaque bande. • Voir les fiches-ressources p. 127 et 128.	• Les enfants nomment les jouets qui se trouvent sur chaque bande. • Faire découper chaque bande en cases et demander de la reconstituer en ne collant que les jouets qui ont la même propriété, en ayant retiré l'intrus. *Exemples de jouets :* 3 peluches et 1 poupée ; 3 voitures ou camions et 1 hélicoptère ; 3 éléments de dînette et 1 aspirateur ; 3 poussettes ou landeaux et 1 poupée ; 3 jeux de construction et 1 peluche ; 3 instruments de musique et un ballon.	• Sur chaque bande, l'intrus ne se trouve pas à la même place. • On peut réaliser ce jeu avec d'autres images que des jouets (des aliments...). • Prévoir 4 bandes par enfant.

SITUATIONS PROVOQUÉES	Classer des objets	FICHIER DE L'ÉLÈVE Fiches n°s 2 et 2 bis	*ÉTAPE 2* LOGIQUE

OBJECTIF *Identifier les propriétés d'objets pour procéder à un classement*

Situation 1 : Des boîtes et des voitures

OBJECTIFS SPÉCIFIQUES	MATÉRIEL	DÉROULEMENT	REMARQUES
• Isoler, reconnaître et nommer les propriétés des objets. • Réaliser une collection en fonction d'une propriété donnée. • Une collection étant donnée, reconnaître la propriété correspondante.	• Des petites voitures de couleurs différentes (bleu, rouge, vert), de tailles différentes (petites, grandes), avec des numéros (1 - 2 - 3 - 4).	• Présenter aux enfants la collection des voitures et les laisser s'exprimer à son sujet : forme des voitures, couleur, numéro, etc. • Désigner un meneur de jeu qui est chargé de choisir une voiture dans la collection, de préciser une propriété de cette voiture et de la placer dans une boîte. • Demander aux enfants, à tour de rôle, de prendre une voiture ayant la même propriété et de la placer dans la boîte. • Reprendre la même activité avec un autre meneur de jeu et une nouvelle propriété. • Présenter aux enfants une boîte contenant toutes les voitures de la collection ayant une certaine propriété (*par exemple : toutes celles qui ont le numéro 4*). Faire découvrir cette propriété et la faire formuler clairement.	• Bien entendu, on peut prendre des objets d'une autre nature, pourvu qu'ils offrent une richesse de propriétés et de possibilités de classement (perles, jeu de construction...).

Situation 2 : Le jeu des familles

OBJECTIFS SPÉCIFIQUES	MATÉRIEL	DÉROULEMENT	REMARQUES
• Isoler, reconnaître et nommer les propriétés des objets. • Réaliser une collection en fonction d'une situation donnée. • Une collection étant donnée, reconnaître la propriété.	• Des cartes portant des dessins d'animaux (chat, chien, cheval, mouton) de différentes couleurs (rouge, vert, jaune, bleu). • Voir les fiches-ressources p. 125.	Ce jeu se déroule avec 4 joueurs (pour un plus grand nombre d'enfants, il est souhaitable de réaliser d'autres jeux de cartes). • Faire distribuer quatre cartes à chaque enfant et lui demander de les étaler devant lui, faces visibles. • À tour de rôle, chaque enfant demande une carte à un des autres joueurs, dans le but de constituer une « famille » correspondant à un critère retenu précédemment (la couleur, la nature de l'animal). Il doit alors donner à ce joueur une autre carte. • Le gagnant est celui qui a le premier formé une famille.	• On peut fabriquer un plus grand nombre de cartes en augmentant les critères. • Faire formuler par le gagnant la propriété qu'il a choisie.

Situation 3 : Le domino des galettes

OBJECTIF SPÉCIFIQUE	MATÉRIEL	DÉROULEMENT	REMARQUES
• Rechercher une propriété commune à des objets.	• Des dominos en carton créés à partir de formes et de couleurs. *Par exemple :* 3 formes différentes et 2 couleurs (bleu et rouge). 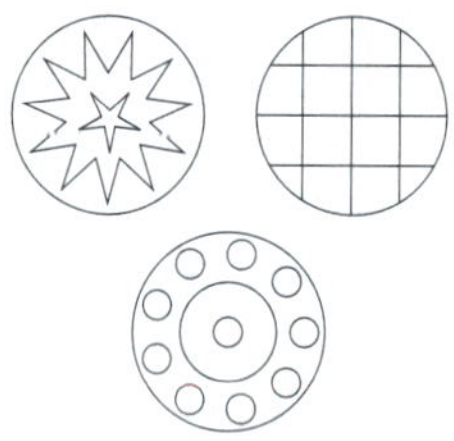	Présenter les dominos et la manière dont ils sont constitués (il est possible que les enfants connaissent déjà le jeu de dominos). • Lancer le jeu en précisant soigneusement la règle. Deux possibilités s'offrent ici : – on utilise la règle usuelle du jeu (on place deux dominos l'un à côté de l'autre si les deux parties qui se juxtaposent sont identiques) ; – on propose une règle du jeu légèrement différente : on place deux dominos l'un à côté de l'autre si les deux parties qui se juxtaposent ont une caractéristique commune (*par exemple : elles sont de même forme mais de couleur différente*). • Faire énoncer clairement la propriété commune aux deux parties juxtaposées.	• Bien entendu, en augmentant le nombre d'objets au départ, on fait croître le nombre de dominos possibles. • L'activité de fabrication des dominos peut être proposée aux enfants.

SITUATIONS PROVOQUÉES	**Désigner des objets**	**FICHIER DE L'ÉLÈVE** **Fiche n° 5**	*ÉTAPE 2* LOGIQUE

OBJECTIF *Utiliser des signes pour coder des objets*

Situation 1 : Le jeu des équipes

OBJECTIFS SPÉCIFIQUES	MATÉRIEL	DÉROULEMENT	REMARQUES
• Réaliser un classement. • Utiliser des codes.	• Des bandeaux en carton de 4 types avec : – le signe ⊞ – le signe [🌀] – le signe ⊡ – le signe ⧇. • Un collier étiquette par enfant.	Chaque enfant met son collier étiquette autour du cou et un bandeau sur lequel est dessiné le signe de son équipe : ⊞, [🌀], ⊡ ou ⧇. • Deux équipes (*par exemple :* ⊞ et [🌀]) font une course. • Après la course, les enfants qui ne jouent pas écrivent sur une feuille la liste des signes des enfants de l'équipe gagnante et le code de l'équipe. • Faire jouer les autres équipes (⊡, ⧇) et reprendre l'activité. • On peut demander aux enfants de changer de bandeau et recommencer à nouveau l'activité.	• On peut coller les étiquettes-prénoms sur ce collier.

Situation 2 : Le jeu des gâteaux d'anniversaire

OBJECTIF SPÉCIFIQUE	MATÉRIEL	DÉROULEMENT	REMARQUES
• Faire apparaître la nécessité de coder pour avoir des informations pertinentes.	• Un jeu de familles du commerce simplifié (3 familles, 4 personnages). • Des cartes (en carton fort blanc) et des feutres. • Voir la fiche-ressources p. 127.	Faire observer un jeu de familles simplifié (apporté par les enfants ou le maître). Dégager la structure de la carte d'un jeu de familles. • Proposer aux enfants de fabriquer un jeu de familles de gâteaux d'anniversaire constitué de 3 familles (famille 3 bougies, famille 4 bougies, famille 5 bougies) avec 4 couleurs pour chacune (bleu, vert, jaune, rouge). Faire dessiner les gâteaux correspondant à ces deux critères et les codes des familles (cela peut être un chiffre ou tout autre signe). • Donner la règle du jeu et faire jouer les enfants.	• Cette activité doit être programmée sur plusieurs jours. • On peut proposer aussi aux enfants des cartes sur lesquelles sont dessinés les gâteaux.

Situation 3 : Le trésor caché

OBJECTIF SPÉCIFIQUE	MATÉRIEL	DÉROULEMENT	REMARQUES
• Faire apparaître la nécessité d'utiliser des signes pour coder des objets et pour communiquer des informations.	• 10 à 20 petits objets de la classe bien distincts et pouvant être nommés par les enfants (une voiture, une perle, un livre, une brique Lego). • Une boîte avec un couvercle pouvant contenir tous ces objets. • Des feuilles de papier. • Des crayons.	Présenter les objets aux enfants et leur demander de les nommer de telle sorte qu'ils soient parfaitement reconnus par tous. • Placer 3 ou 4 objets de la collection dans une boîte en montrant bien les objets qu'on y place (c'est le « trésor »). Poser le couvercle sur la boîte et questionner un enfant en lui demandant de nommer tous les objets qui sont cachés dans la boîte. S'il les a tous nommés, il est gagnant. Vérifier en ouvrant la boîte. Reprendre plusieurs fois ce jeu en augmentant progressivement le nombre d'objets jusqu'à 6 ou 7 éléments. • Placer 15 objets dans la boîte et poser le problème de se souvenir des objets placés, sans ouvrir le couvercle, et de pouvoir vérifier que le trésor n'a pas été modifié (par exemple un « farceur » pourrait venir prendre des objets). • Conduire les enfants à représenter les objets par un dessin simplifié qui permet de le reconnaître. Le choix du signe attaché à un objet se fait collectivement à partir des propositions des enfants. À l'issue de ce travail, placer à côté de la boîte une fiche sur laquelle tous les signes des objets de la boîte ont été reportés. Le jeu des farceurs. • Répartir les enfants en deux équipes : la première (les farceurs) reçoit la boîte et la seconde reçoit la fiche du trésor. • Faire enlever par la première équipe 2 ou 3 objets de la boîte et les cacher. Demander à la seconde équipe de retrouver les objets « volés » grâce à leur fiche. • Permuter le rôle des deux équipes.	• Cette activité doit être programmée sur plusieurs jours. • On peut envisager aussi d'ajouter des objets au lieu d'en enlever.

SITUATIONS PROVOQUÉES	**Établir des relations entre des objets**	**FICHIER DE L'ÉLÈVE** **Fiche n° 8**	*ÉTAPE 2* LOGIQUE

OBJECTIF *Associer des objets ayant une relation entre eux*

Situation 1 : Le jeu du loto de l'anniversaire

OBJECTIF SPÉCIFIQUE	MATÉRIEL	DÉROULEMENT	REMARQUES
• Former des couples d'objets suivant une relation.	• 4 cartons comportant chacun 4 cases. • 16 carrés correspondant aux cases des cartons de jeux. Sur les cases des cartons on a dessiné des objets d'une collection. Sur les carrés on dessine les objets d'une 2e collection.	• Présenter le jeu aux enfants en faisant reconnaître les diverses représentations des cartons et des carrés. • Placer les carrés dans une boîte, faces cachées, puis distribuer un carton à chaque joueur. Un meneur de jeu est chargé de tirer les carrés dans la boîte. À chaque carton tiré, il annonce à voix haute ce qui est représenté sur le carré. • Chaque joueur examine son carton pour chercher s'il contient un élément en relation avec le carré annoncé. Si c'est le cas, le joueur concerné reçoit le carré et le place sur la case correspondante. • Le gagnant est celui qui a couvert son carton le premier. *Exemples possibles :* 1re collection : couteau, verre, gâteau, bougie, assiette, bonbon... 2e collection : gâteau, paille, bougie, allumette, verre, serviette, boîte de bonbons...	• Ce jeu peut être fabriqué par les enfants à partir de découpages et de collages.

Situation 2 : Le domino des animaux

OBJECTIF SPÉCIFIQUE	MATÉRIEL	DÉROULEMENT	REMARQUES
• Former des couples suivant une relation donnée.	• Des dominos découpés dans du carton. Sur les cases des dominos on a dessiné des objets de 2 collections de telle sorte qu'à une case de la 1re collection corresponde une case et une seule de la 2e. • Voir la fiche-ressources p. 125.	• Présenter le jeu de domino aux enfants, en rappeler le mode de fonctionnement et faire jouer suivant la règle classique du jeu de dominos. *Exemples de couples possibles :* vache-veau, poule-poussin chèvre-chevreau, mouton-agneau chat-chaton, chien-chiot cheval-poulain.	• Ce jeu peut être fabriqué par les enfants à partir de découpages et de collages. (Si on prend deux collections en relation de 7 objets chacune, on obtient au total 28 dominos différents.)

Situation 3 : Le jeu des paires

OBJECTIF SPÉCIFIQUE	MATÉRIEL	DÉROULEMENT	REMARQUES
• Établir des relations entre deux collections d'objets.	• Deux boîtes avec des objets ayant une relation entre eux, pris dans la classe (pinceau à colle et pot de colle, feuille et crayon, une brique Lego et un modèle construit...).	• Montrer le contenu de chaque boîte aux enfants et faire reconnaître tous les objets. • Répartir les enfants en deux groupes. Un enfant d'un groupe montre un objet, un enfant de l'autre groupe cherche dans sa boîte l'objet correspondant en expliquant son choix.	• On peut demander aux enfants de rechercher d'autres objets ayant une relation entre eux (dans l'école, à la maison...).

SITUATIONS PROVOQUÉES	Utiliser un code pour colorier	FICHIER DE L'ÉLÈVE Fiche n° 11	*ÉTAPE 2* LOGIQUE

OBJECTIF *Faire utiliser un code pour colorier un dessin*

Situation 1 : Le coloriage des maisons

OBJECTIF SPÉCIFIQUE	MATÉRIEL	DÉROULEMENT	REMARQUES
• Faire apparaître la nécessité d'utiliser un code de coloriage.	• Une feuille par enfant sur laquelle sont dessinées des maisons avec des codes. • 3 crayons de couleur par enfant (bleu, rouge, jaune).	• Faire observer les maisons dessinées. • Distribuer les crayons aux enfants et leur demander comment colorier les maisons. *« Quels morceaux allez-vous colorier avec le crayon bleu ? »* Après discussion avec les enfants, écrire la légende de coloriage. *Par exemple* : *rouge* 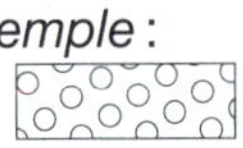 *bleu*  *jaune* 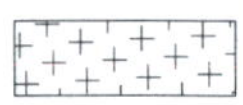 • Faire colorier les maisons.	*Exemples de maisons :* 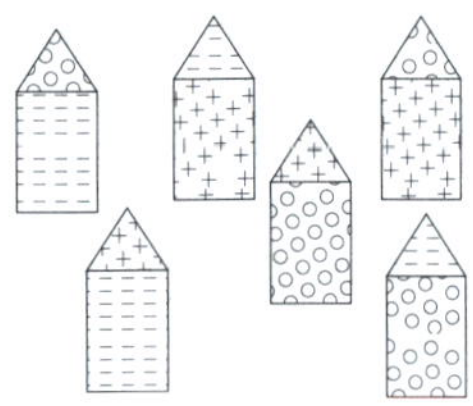

Situation 2 : Le jeu des mosaïques

OBJECTIF SPÉCIFIQUE

- Utiliser un code de coloriage pour remplir une surface.

MATÉRIEL

- 4 grilles de jeu de 16 cases :

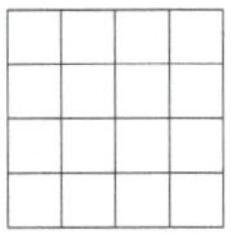

- 64 cartons de la même dimension que les cases, de 4 couleurs différentes (16 bleus, 16 rouges, 16 verts, 16 jaunes).
- 8 cartes sur lesquelles sont dessinés 4 codes :

DÉROULEMENT

Le jeu se joue à 4 joueurs.
Présenter le code de coloriage (il peut être choisi par les enfants) et distribuer à chaque joueur une grille de jeu de 16 cases. Les cartes-codes et les cartons-couleurs sont mis en tas, faces invisibles.

- Le premier joueur prend une carte-code et un carton-couleur sur le dessus de chaque tas.
  Si la carte et le carton se correspondent dans le code couleur, il pose le carton sur sa grille de jeu. Sinon, il place le carton sous le tas et c'est au joueur suivant de jouer.
  Dans tous les cas, la carte-code est remise sous le tas.
- Le gagnant est le joueur qui a rempli le premier sa grille pour faire une mosaïque.
- <u>Variante.</u> Les cases des grilles de jeu peuvent être préalablement coloriées en mosaïques. Dans ce cas, le joueur doit poser son carton sur une case de même couleur. S'il ne le peut pas, il replace le carton sous le tas.

REMARQUES

- Écrire sur une feuille les règles de « coloriage ».
  Par exemple :

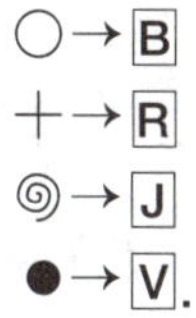

Exemples de mosaïques :

B	B	R	R
V	V	J	J
B	B	R	R
V	V	J	J

B	R	V	J
R	V	J	B
V	J	B	R
J	B	R	V

B	R	B	R
V	J	V	J
B	R	B	R
V	J	V	J

B	B	B	B
R	R	R	R
V	V	V	V
J	J	J	J

SITUATIONS PROVOQUÉES	Continuer des algorithmes répétitifs	FICHIER DE L'ÉLÈVE Fiche n° 14	*ÉTAPE 2* / LOGIQUE

OBJECTIFS *Reconnaître et continuer des algorithmes simples*

Situation 1 : Le train des objets

OBJECTIFS SPÉCIFIQUES

- Reproduire et poursuivre des suites ordonnées suivant une règle définie.

MATÉRIEL

- Des petits objets type brique Lego de plusieurs couleurs, des perles, etc.

DÉROULEMENT

- <u>Reproduire à l'identique.</u>
  Montrer aux enfants une suite d'objets placés dans un ordre précis et leur demander de refaire soigneusement cette suite avec d'autres objets. Faire exprimer les enfants sur ce qu'ils voient, sur la position relative des objets dans la suite (ce qui est avant, ce qui est après...).
- <u>Poursuivre la suite algorithmique.</u>
  Montrer à nouveau aux enfants une suite d'objets placés dans un ordre précis, en suivant une règle de placement (*par exemple : un rouge, un bleu, un rouge, un bleu...*). Demander aux enfants de refaire soigneusement cette suite et de poursuivre.

REMARQUES

- Cette activité devra être reprise plusieurs fois. On ne s'intéresse qu'à des algorithmes répétitifs simples.
  Faire varier les règles d'alternance en jouant sur les caractéristiques des objets.

Situation 2 : Faisons les clowns !

OBJECTIFS SPÉCIFIQUES	MATÉRIEL	DÉROULEMENT	REMARQUES
• Reproduire et poursuivre un algorithme gestuel simple.	• Des objets utilisés en éducation motrice (banc, cerceaux...).	• Montrer aux enfants une suite de deux ou trois actions à réaliser : lever un bras, sauter dans le cerceau, monter sur un banc. Demander à un enfant de reproduire cette suite (il fait le « clown »). Faire exprimer les enfants sur la production obtenue. Demander alors à tous les enfants de refaire cette suite d'actions. • Reprendre l'activité en demandant aux enfants de reproduire plusieurs fois la suite d'actions (prolongement de la suite algorithmique). • Montrer une suite répétitive d'actions avec une action qui n'est pas à la bonne place. La faire retrouver et reprendre les actions dans l'ordre.	• On peut augmenter progressivement le nombre d'actions à réaliser.

Situation 3 : Le loto des algorithmes

OBJECTIF SPÉCIFIQUE	MATÉRIEL	DÉROULEMENT	REMARQUES
• Compléter des algorithmes simples.	• Des planches de jeux formées de 3 rangées de 8 cases. • Des cartes dont les dimensions sont celles des cases vides et sur lesquelles sont dessinées les éléments manquants des suites algorithmiques de ces planches.	On joue suivant la règle habituelle du jeu de loto : il y a un meneur de jeu et des joueurs qui reçoivent chacun une planche de jeu. Le but de chaque joueur est de remplir sa planche de jeu avec les cartes reçues, de telle sorte que les algorithmes soient complets. • Le gagnant est celui qui a complété sa planche en premier. *Planche de jeu :* Dans les six premières cases de chaque rangée on a reproduit un algorithme simple (formes géométriques, couleurs, animaux...). Chaque fin de rangée est formée de 2 cases vides. Les planches de jeux sont différentes (chaque algorithme est différent).	• Regrouper toutes les cartes dans une boîte.

SITUATIONS PROVOQUÉES	**Trouver des différences**	**FICHIER DE L'ÉLÈVE** **Fiche n° 2**	*ÉTAPE 3* LOGIQUE

OBJECTIF *Discerner des différences entre plusieurs objets*

Situation 1 : Les boîtes à malice

OBJECTIFS SPÉCIFIQUES	MATÉRIEL	DÉROULEMENT	REMARQUES
• Utiliser la notion de propriété. • Rechercher ce qui diffère entre plusieurs objets.	• Une boîte dans laquelle on a mis des objets usuels.	• Présenter aux enfants des objets ayant des caractéristiques communes et des éléments dissemblables (commencer par 2 objets puis étendre à 3 ou 4 objets). Demander aux enfants de rechercher ce qui diffère. *Exemples d'objets :* – feuille, pinceau, feutre, ciseau, colle ; – balle, ballon, balle de tennis, balle en mousse ; – boîtes en carton, en métal, en plastique ; – des éléments de jeux de plusieurs couleurs.	• Veiller à faire verbaliser clairement la ou les différences observées.

Situation 2 : Le magicien

OBJECTIFS SPÉCIFIQUES	MATÉRIEL	DÉROULEMENT	REMARQUES
• Favoriser la faculté d'observation et la mémoire visuelle. • Trouver des différences entre des objets.	• Un ensemble d'éléments de construction (type Lego) pouvant subir des modifications.	Choisir un objet pouvant subir des transformations et le faire observer par tous les enfants en les faisant s'exprimer sur son aspect et ses propriétés. La construction doit être assez simple pour faciliter la reconnaissance de la transformation. • Présenter la règle du jeu : un joueur va sortir et, pendant son absence, on va faire une modification à l'objet choisi. Le joueur doit alors retrouver ce qui a été transformé en s'exprimant clairement sur la nature de la transformation (situation antérieure, nouvelle situation).	• On peut aussi prendre un ensemble d'objets qui ne diffèrent deux à deux que par un élément commun (*cf.* domino des arbres, p. 74). La transformation consiste en le remplacement d'un objet par un autre.

Situation 3 : Des ballons bleus et rouges

OBJECTIFS SPÉCIFIQUES

- Discerner des différences.
- Trouver toutes les combinaisons possibles pour fabriquer des collections.

MATÉRIEL

- Des planches de jeu formées de six cases ; dans chacune d'elles sont dessinés trois ballons.

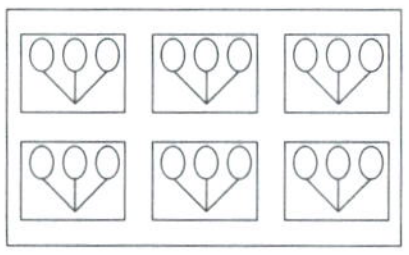

- Des pions rouges et bleus (de la dimension des ballons) placés dans une boîte.
- Un dé avec trois faces rouges et trois faces bleues.

DÉROULEMENT

- Chaque joueur reçoit une planche de jeu. À tour de rôle, le joueur lance le dé. Il prend un pion de la couleur indiquée par le dé et le place sur un ballon de sa planche de jeu. Il faut couvrir les ballons de la planche de jeu avec des pions rouges et bleus de telle sorte qu'il n'y ait pas deux dispositions identiques dans deux cases différentes.
- Le gagnant est celui qui a rempli le premier sa planche de jeu.

Exemple de planche remplie :

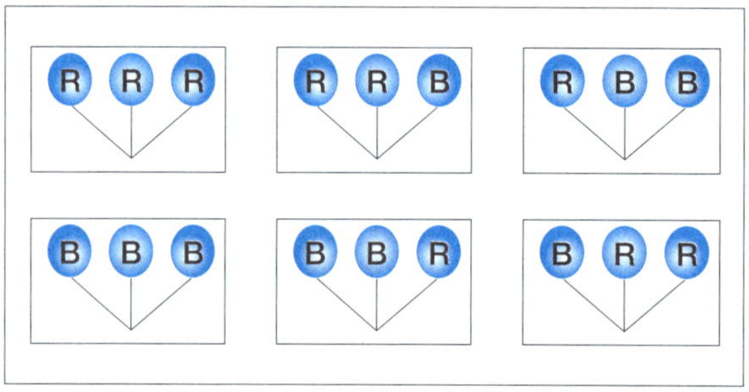

REMARQUES

- On peut commencer par un jeu identique avec des planches formées de quatre cases.
- Ce jeu nécessite une préparation pour une bonne compréhension de la règle. Notamment, faire comprendre aux enfants que dans une case, les ballons peuvent être tous rouges ou tous bleus.

SITUATIONS PROVOQUÉES	Utiliser un codage	FICHIER DE L'ÉLÈVE Fiche n° 5	*ÉTAPE 3* LOGIQUE

OBJECTIFS *Coder et décoder des chemins simples*

Situation 1 : Les petits cailloux

OBJECTIFS SPÉCIFIQUES

- Coder et décoder des chemins.

MATÉRIEL

- Des cordes.
- Des plaques de différentes couleurs (ce sont les petits « cailloux »).

DÉROULEMENT

- Construire un itinéraire dans la salle de jeux avec des cordes. Prévoir un lieu de départ et un lieu d'arrivée.
- Faire réaliser un déplacement par un enfant et faire matérialiser ce chemin par le placement de plaques identiques (*par exemple, les « cailloux » rouges*).
- Procéder de la même façon pour réaliser deux autres parcours différents (cailloux verts, cailloux jaunes).
- Demander aux enfants d'utiliser un chemin particulier matérialisé par une couleur. Veiller au bon respect du code choisi.

REMARQUES

- L'itinéraire doit être suffisamment complexe pour permettre de réaliser au moins trois chemins différents.

Situation 2 : La visite de la ménagerie

OBJECTIFS SPÉCIFIQUES	MATÉRIEL	DÉROULEMENT	REMARQUES
• Coder et décoder des chemins.	• Une feuille sur laquelle sont dessinés des animaux du cirque (ours, éléphant, singe, lion, cheval) avec un parcours comportant un départ et une arrivée. • Des gommettes de différentes couleurs et de différentes formes.	• Demander à la moitié des enfants de la classe de tracer un chemin avec des gommettes identiques en passant par des animaux (il n'est pas obligatoire de passer par tous les animaux). • Demander de tracer deux autres chemins avec deux autres séries de gommettes. • Mettre les enfants par deux (un enfant A ayant réalisé le travail avec un enfant B ne l'ayant pas fait). L'enfant B doit suivre le chemin des gommettes et dire à son camarade A, quels animaux il a vus. L'enfant A corrige les erreurs, si nécessaire.	• L'autre moitié des enfants est occupée à une autre activité. • Cette activité peut être vécue en salle de jeux : les enfants doivent effectuer des chemins différents.

Situation 3 : Les dessins de l'album

OBJECTIF SPÉCIFIQUE	MATÉRIEL	DÉROULEMENT	REMARQUES
• Suivre un chemin codé.	• 3 pions. • 1 dé avec : – 2 faces ○ – 2 faces □ – 2 faces + • 5 ou 6 dessins d'album placés dans une boîte. • 1 dé avec les faces ⚀⚁⚂ (deux fois) • 1 plan de jeu (voir ci-contre).	On joue à 3 joueurs. Le but du jeu est de ramasser le premier toutes les illustrations de l'album en restant bien sur son chemin codé. • Chacun choisit un chemin codé □, ○ ou +. • À tour de rôle, chaque joueur lance les deux dés et avance avec son pion sur son chemin, du nombre de signes indiqué par le dé à points, à condition que le dé à codes indique le code choisi par le joueur. Lorsqu'il passe sur une case comportant un dessin, il prend alors le dessin correspondant dans la boîte. Si le dé à codes ne correspond pas, il n'avance pas et c'est au joueur suivant de jouer. 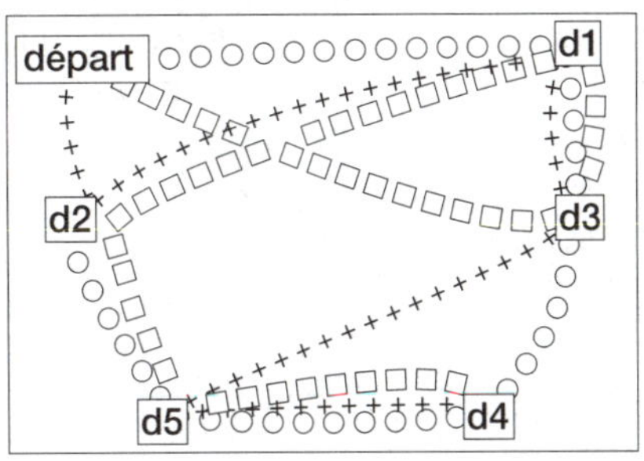 **d1** : dessin n° 1, **d2** : dessin n° 2, etc.	• On peut réaliser cette activité avec les illustrations d'un album connu des enfants ou fabriqué par les enfants.

SITUATIONS PROVOQUÉES	**Établir des relations entre des objets**	**FICHIER DE L'ÉLÈVE** **Fiches n°s 8 et 8 bis**	*ÉTAPE 3* / LOGIQUE

OBJECTIF *Établir des relations entre des objets*

Situation 1 : Les images identiques

OBJECTIFS SPÉCIFIQUES	MATÉRIEL	DÉROULEMENT	REMARQUES
• Favoriser la mémoire de travail et le repérage visuel. • Établir des relations entre objets.	• 16 cartes (8 paires) comportant des dessins figuratifs (voiture, maison, arbre, vélo, feu rouge, bus, personnage, enfant, fleur, poisson, etc.). • Voir la fiche-ressources p. 128.	Le jeu se joue à 4 joueurs. • Faire disposer les 16 cartes en carré de 4 lignes et 4 colonnes et à l'envers. • À tour de rôle, un joueur retourne deux cartes de son choix et les observe. Si elles se correspondent (elles sont identiques ou sont en relation, suivant les cartes construites), il les prend avec lui et rejoue. Sinon, il les remet à leurs places dans le jeu et c'est au joueur suivant de jouer. • Le gagnant est celui qui a pris le plus de cartes lorsque toutes les cartes ont été prises. • Remarque. Dans un premier temps, on peut jouer avec 5 paires de cartes.	• Les paires peuvent être constituées d'objets mis en relation grâce à une relation simple (objets de même couleur, animaux et leurs petits...). • On voit ainsi la possibilité de fabriquer de nombreux jeux suivant ce principe.

Situation 2 : Le cube coquin

OBJECTIFS SPÉCIFIQUES	MATÉRIEL	DÉROULEMENT	REMARQUES
• Favoriser la faculté d'observation et la mémoire visuelle. • Établir des relations entre des objets.	• Un cube assez grand sur les 6 faces duquel on a collé des images d'objets : un vélo, une voiture, un autobus, une maison, un arbre, un enfant. • Des perles. • Voir les fiches-ressources p. 127 et 128.	Présenter le dé aux enfants et faire observer attentivement ses diverses faces. • Donner la règle du jeu : à tour de rôle, chaque joueur lance le dé et l'observe attentivement sans le toucher, pour dire quel est l'objet qui est représenté sur la face invisible du dé. S'il indique le bon objet, il gagne une perle, sinon, il ne gagne rien. On peut jouer ainsi pendant 10 tours. • Le gagnant est celui qui a gagné le plus de perles.	• On peut laisser les enfants manipuler le dé pendant quelque temps, par exemple quelques jours avant de présenter le jeu.

Situation 3 : La bataille des familles

OBJECTIF SPÉCIFIQUE	MATÉRIEL	DÉROULEMENT	REMARQUES
• Établir des relations entre des objets.	• Un jeu de 7 familles. Prendre seulement 4 familles du jeu (24 cartes).	Les enfants jouent à 2. Il s'agit de gagner le plus de cartes possibles. • Un enfant mélange toutes les cartes et les distribue. Chaque joueur dispose ses cartes en paquets, faces invisibles. • Le premier joueur pose une carte, puis le second joueur fait de même. Si la carte du second joueur a une relation avec la carte du premier (même famille ou même personnage), le second joueur prend les deux cartes. Dans le cas contraire, c'est le premier qui prend les deux cartes. • Chaque joueur joue alternativement en premier et en second. • Le jeu s'arrête lorsque l'un des joueurs n'a plus de carte.	• On peut faire créer des jeux de famille par les enfants.

SITUATIONS PROVOQUÉES	Continuer des algorithmes répétitifs	FICHIER DE L'ÉLÈVE Fiche n° 11	*ÉTAPE 3* LOGIQUE

OBJECTIFS *Reconnaître et continuer des algorithmes simples*

Situation 1 : Le loto des mosaïques

OBJECTIF SPÉCIFIQUE	MATÉRIEL	DÉROULEMENT	REMARQUES
• Compléter des algorithmes simples dans deux directions.	• Des planches de jeu de 4 rangées de 4 cases. Dans la 1re rangée et la 1re colonne on a reproduit un algorithme simple. • Des cartes (de la dimension des cases de la planche), sur lesquelles sont dessinés les éléments manquants des suites algorithmiques.	On joue suivant la règle habituelle du jeu de loto : il y a un meneur de jeu et des joueurs qui reçoivent chacun une planche de jeu. • Le but de chaque joueur est de remplir sa planche de jeu avec les cartes reçues, de telle sorte que les algorithmes soient complets. • Le gagnant est celui qui a complété sa planche en premier. *Exemple de planche de jeu :* 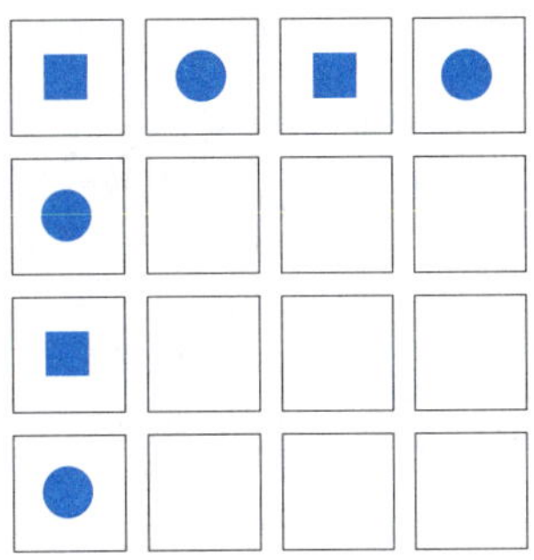	• Regrouper toutes ces cartes dans une boîte. • On choisit ici des algorithmes très simples : alternance de couleurs ou de formes.

Situation 2 : Le jeu de l'écho

OBJECTIFS SPÉCIFIQUES	MATÉRIEL	DÉROULEMENT	REMARQUES
• Reproduire et poursuivre des suites ordonnées suivant une règle définie.	• Des instruments de musique permettant de produire facilement des sons simples (tambourins, maracas, claves, wood-blocks, clochettes...).	• Produire devant les enfants une suite de trois ou quatre sons obtenus avec des instruments de musique, dans un ordre précis. • Demander à un enfant de reproduire cette suite (il fait « l'écho »). Faire exprimer les enfants sur la production obtenue (ce qui se passe avant, ce qui se passe après...) et corriger les erreurs éventuelles. • Reprendre l'activité en demandant au joueur de reproduire plusieurs fois la suite de sons (prolongement de la suite algorithmique).	• On peut remplacer les sons produits par des instruments par des frappés divers (dans les mains, sur la table, sur les cuisses...).

Situation 3 : Le jeu des voitures

OBJECTIF SPÉCIFIQUE	MATÉRIEL	DÉROULEMENT	REMARQUES
• Continuer un algorithme simple.	• 3 planches de 8 cases sur lesquelles sont dessinées des voitures dans les deux premières cases. On affecte une couleur aux voitures de chaque planche. • Des cartes sur lesquelles sont dessinées les voitures manquantes des suites algorithmiques. • 1 dé avec deux fois les trois couleurs des voitures.	On joue à 3 joueurs. Il faut remplir le premier sa planche avec les cartes-voitures en respectant un algorithme. • À tour de rôle chaque joueur lance le dé. • Si le dé tombe sur la couleur des voitures de sa planche de jeu, le joueur prend une carte de la bonne couleur dans la boîte et la pose sur sa planche, pour poursuivre un algorithme. • Si le dé ne tombe pas sur la bonne couleur, le joueur passe son tour et c'est au suivant de jouer. *Exemple de planche :* 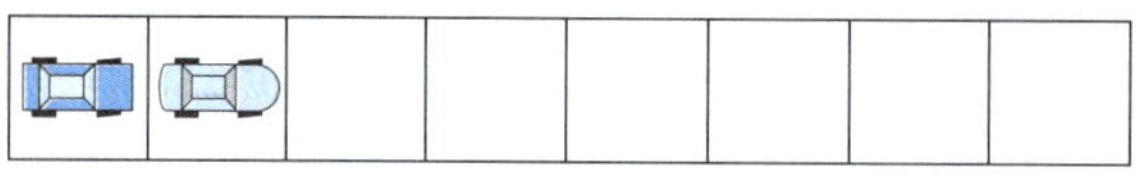	• Regrouper toutes ces cartes-voitures dans une boîte. • L'algorithme choisi peut être différent selon les joueurs.

Approche du nombre et de la mesure

SITUATIONS PROVOQUÉES	Reconnaître des petites collections	FICHIER DE L'ÉLÈVE Fiche n° 3	*ÉTAPE 1* NOMBRE – MESURE

OBJECTIF *Reconnaître rapidement des petites collections d'objets*

Situation 1 : Le jeu des clowns

OBJECTIFS SPÉCIFIQUES

- Reconnaître des petites collections.
- Apparier des collections.
- Réaliser des comptages de 1 à 6.

MATÉRIEL

- 1 dé.
- 3 ou 4 puzzles « clowns » formés sur une face de clowns identiques, différenciés seulement par la couleur, et sur l'autre face de collections de points de 1 à 6.
- Voir la fiche-ressources p. 123.

DÉROULEMENT

Le jeu se joue à 3 ou 4 joueurs : à chaque joueur est attribuée une couleur de puzzle.
Les trois puzzles sont mélangés et rassemblés au centre de la table de jeu.

- À tour de rôle, chaque joueur lance le dé et prend la pièce du puzzle qui correspond (couleur et nombre de points).
- Le gagnant est celui qui a construit le premier son puzzle.

- Variante possible.
  On peut remplacer, sur les pièces du puzzle, les collections de points par des chiffres.

Exemple de puzzle :

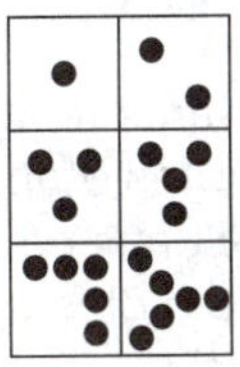
Recto

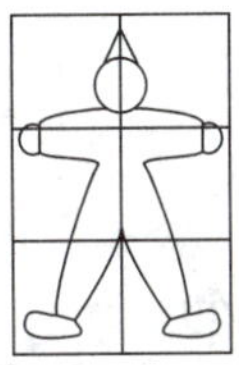
Verso

REMARQUES

- On peut en tout début d'année découper des puzzles seulement en 4 grandes parties et utiliser le dé avec 4 faces constellations et 2 faces blanches.

Boucle d'Or perdue dans la forêt (page 52).

Situation 2 : Le jeu des légumes

OBJECTIFS SPÉCIFIQUES	MATÉRIEL	DÉROULEMENT	REMARQUES
• Reconnaître des petites collections. • Apparier des collections.	• Trois séries de cartons (entre 1 et 6) portant : – série A : des légumes – série B : des constellations – série C : des chiffres • Voir les fiches-ressources p. 121, 123 et 124.	On joue à 2, 3 ou 4 joueurs selon le nombre de cartons utilisés. • Les cartons sont mélangés (séries A et B ou A et C) et disposés en rangées, faces invisibles. • À tour de rôle, chaque joueur retourne deux cartons au hasard dans les rangées. Si les deux cartons se correspondent (soit parce qu'ils indiquent des collections équivalentes, soit parce que le chiffre sur un carton représente le nombre d'objets de l'autre carton), le joueur prend les deux cartons. Sinon il les remet à leurs places. *Exemples de paires de cartons :* 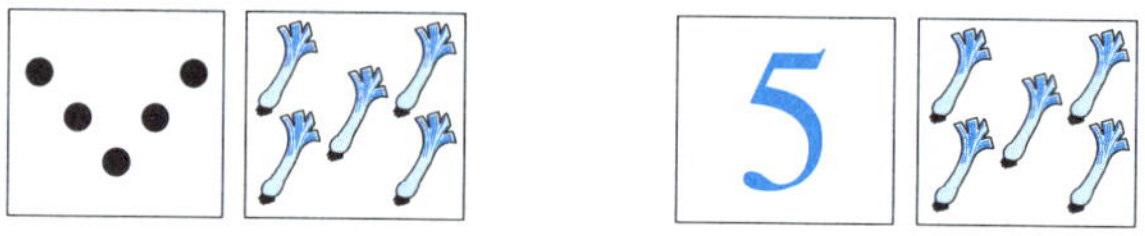 • Le gagnant est le joueur qui a trouvé le plus grand nombre de paires de cartons.	• On peut faire varier le nombre de cartons en fonction du nombre de joueurs. • On peut limiter les nombres à 4 ou 5 en fonction des enfants.

Situation 3 : Le panier de commissions

OBJECTIFS SPÉCIFIQUES	MATÉRIEL	DÉROULEMENT	REMARQUES
• Apparier des collections équivalentes. • Reconnaître globalement des petites collections.	• Des cartons portant des photos d'objets (compris entre 1 et 6). • Voir les fiches-ressources p. 128. • Des paniers à provisions (faits avec des boîtes en carton) portant une étiquette avec des constellations. 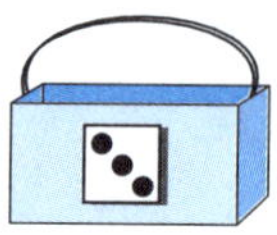	• Les enfants tirent au sort des cartons portant des photos d'objets et doivent les déposer dans le panier à provisions qui convient (même nombre d'objets que sur l'étiquette du panier). • Variante. Le panier peut porter une étiquette chiffre (étape 2 ou 3). • On peut, en atelier mathématique, demander aux enfants de découper des photos d'objets et les coller sur des cartons. On augmentera ainsi le matériel de jeu.	• On envisage d'abord des quantités de 1 à 4 pour aller progressivement jusqu'à 6.

SITUATIONS PROVOQUÉES	**Compter avec la bande des nombres**	**FICHIER DE L'ÉLÈVE** **Fiches nos 6 et 9**	*ÉTAPE 1* NOMBRE – MESURE

OBJECTIF *Savoir utiliser la bande numérique (de 1 à 6)*

Situation 1 : Le jeu de dominos

OBJECTIF SPÉCIFIQUE

- Relier l'écriture chiffrée d'un nombre à une représentation en constellation.

MATÉRIEL

- La bande de nombres de la classe.
- Les bandes numériques individuelles (jusqu'à 6).
- 36 dominos à fabriquer sur du carton (constellation à gauche, chiffre à droite).

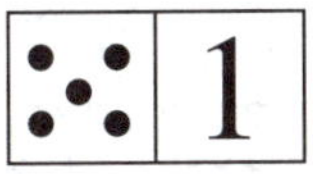

DÉROULEMENT

Disposer les enfants en ligne devant une table. Leur présenter les dominos et les faire s'exprimer (certains ont déjà joué aux dominos).

- Distribuer les dominos aux enfants (chacun doit avoir au moins un domino), faire poser un domino sur la table.
  Par exemple :

- Donner la règle du jeu : il faut placer à côté du domino (à droite ou à gauche) un autre domino pour que deux cases qui se touchent représentent le même nombre :

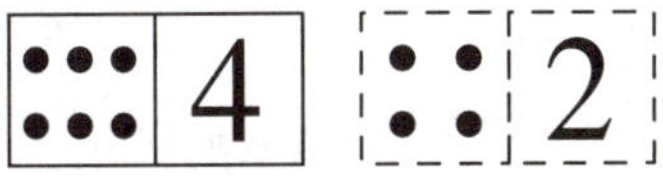

- Effectuer une recherche collective en faisant appel à la bande des nombres pour aider les enfants à nommer les chiffres écrits. Faire réaliser ainsi une suite de dominos.
- Faire effectuer le jeu en observant les propositions des enfants et en veillant au bon respect des règles.

REMARQUES

- Pour les bandes numériques individuelles : voir les activités quotidiennes ou de pratique fréquente p. 42.
- On peut faire fabriquer les dominos par les enfants. Les chiffres utilisés vont de 1 à 6. On évite de recourir ici au nombre 0.
- Travailler d'abord de 1 à 4, puis en étape 2 de 1 à 6 (enlever les dominos inutiles).

Le jeu des équipes (page 79).

Situation 2 : Les œufs et les poussins

OBJECTIFS SPÉCIFIQUES

- Relier l'écriture chiffrée d'un nombre à une quantité.
- Approfondir le principe cardinal du comptage.

MATÉRIEL

- La bande numérique collective.
- Les bandes numériques individuelles (jusqu'à 6).
- Des enveloppes contenant des dessins d'œufs et de poussins.

DÉROULEMENT

- Chaque enfant dispose sa bande numérique devant lui.
- Chaque enfant tire au sort une enveloppe contenant des œufs ou des poussins et pose chaque petit carton sur les cases (ou au-dessus) de sa bande numérique. *Par exemple* :

- Il doit ensuite annoncer combien il a d'œufs ou de poussins en redisant la suite numérique « Un, deux, trois, quatre ».

REMARQUES

- Prévoir des cartons ayant la dimension qui convient pour les poser sur la bande numérique.
Si ce n'est pas possible, faire poser les cartons au-dessus des cases.

Situation 3 : La plus grande bande d'animaux de la ferme

OBJECTIF SPÉCIFIQUE

- Savoir utiliser la bande numérique.

MATÉRIEL

- Les bandes numériques individuelles (jusqu'à 6).
- Des cartons portant des dessins d'animaux de la ferme (ou des petits objets).
- Voir les fiches-ressources p. 125 et 126.

DÉROULEMENT

Le but est de faire utiliser la bande des nombres jusqu'à 6 en nommant les nombres à chaque fois.

- L'enfant tire au sort des cartons portant chacun un animal et les aligne par famille au-dessous de sa bande numérique. Chaque famille ne doit pas dépasser 6.

Par exemple :

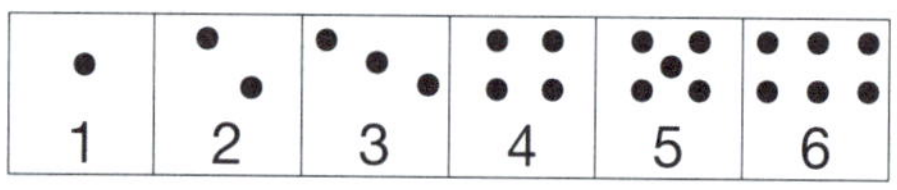

bande numérique

REMARQUES

- On peut faire cet exercice individuellement ou à plusieurs.
- L'enfant doit dire à chaque fois le résultat obtenu : *« J'ai 2 lapins, j'ai 3 vaches ».*
- On peut réutiliser ce jeu dans les différentes étapes en augmentant le nombre d'objets et les cases de la bande numérique.

SITUATIONS PROVOQUÉES	**Reconnaître et écrire les chiffres de 1 à 4**	**FICHIER DE L'ÉLÈVE** **Fiche n° 12**	*ÉTAPE 1* NOMBRE – MESURE

OBJECTIFS *Reconnaître des écritures chiffrées entre 1 et 5 et les associer à des quantités*

Situation 1 : Bleu ou rouge ?

OBJECTIFS SPÉCIFIQUES	MATÉRIEL	DÉROULEMENT	REMARQUES
• Associer une écriture chiffrée à un mot-nombre. • Réaliser des dénombrements par comptage.	• 2 dés : – l'un portant les chiffres 1, 2, 3, 4, 3, 4 ; – l'autre ayant 3 faces rouges et 3 bleues. • Des boîtes ou des sacs. • Des objets (cubes, perles, coquillages, boutons, etc.). • Des cartons portant les chiffres de 1 à 4 (plusieurs séries).	On joue à 2 joueurs. • Le premier lance le dé des chiffres, le second lance le dé des couleurs. • Si on obtient une face rouge : le joueur n° 1 doit dire le nom du chiffre retourné sur son dé. • Si on obtient une face bleue : le joueur n° 1 doit remplir une boîte ou un sac avec le nombre d'objets correspondant au chiffre du dé. • Le joueur n° 2 contrôle les actions faites. • On inverse le rôle de chaque joueur au bout de plusieurs parties. Variante. Un troisième joueur peut récupérer les sacs remplis et leur accrocher une étiquette.	• Dans une autre étape, on peut faire le même jeu en utilisant un dé avec les faces 5, 6, 7, 8, 9, 10.

Situation 2 : Les provisions de l'écureuil

OBJECTIF SPÉCIFIQUE	MATÉRIEL	DÉROULEMENT	REMARQUES
• Reconnaître les écritures chiffrées et les associer à des quantités.	• Des glands, noisettes, noix, marrons, placés dans de grandes boîtes. • Des petites boîtes portant des étiquettes chiffrées et des dessins des fruits de la grande boîte. • Voir la fiche-ressources p. 125.	Chaque enfant à son tour est un écureuil qui va ranger ses provisions. • Le maître dispose devant lui des petites boîtes portant deux étiquettes. *Par exemple :*  • L'enfant doit lire le renseignement et aller chercher dans la grande boîte le nombre d'objets qu'il lui faut pour remplir la petite boîte.	• On peut profiter d'une sortie pour collecter les provisions de l'écureuil. • On peut travailler avec des dessins. • On pourra ensuite augmenter les quantités et les chiffres.

Situation 3 : Les arbres de la forêt

OBJECTIFS SPÉCIFIQUES	MATÉRIEL	DÉROULEMENT	REMARQUES
• Reconnaître les écritures chiffrées et les associer à des quantités. • Reconstituer un puzzle. 	• 1 dé marqué avec les chiffres 1, 2, 3, 3, 4, 4. • 12 arbres découpés en 4 morceaux. • Voir la fiche-ressources p. 122	On joue à 2, 3 ou 4 joueurs. Les arbres découpés en 4 morceaux sont posés en petits tas devant les enfants. • À tour de rôle, les enfants lancent le dé et prennent dans un tas le nombre de pièces qu'ils ont gagnées. Ils reconstituent ainsi le plus grand nombre d'arbres possible. • À la fin du jeu, le gagnant est celui qui a reconstitué le plus d'arbres entiers. • Variante On peut colorier les morceaux de dessins. Pour reconstituer un arbre, il faudra alors des morceaux de même couleur.	• On peut, au cours de séances de dessin, demander aux enfants de dessiner des arbres qui seront ensuite découpés en morceaux.

SITUATIONS PROVOQUÉES	Comparer des collections d'objets	FICHIER DE L'ÉLÈVE Fiche n° 13	*ÉTAPE 1* NOMBRE – MESURE

OBJECTIF *Comparer des collections*

Situation 1 : La bonne carte

OBJECTIFS SPÉCIFIQUES	MATÉRIEL	DÉROULEMENT	REMARQUES
• Développer des stratégies de comparaison de collections. • Renforcer la connaissance globale des petites quantités (réaliser des comptages visuels).	• Des cartes sur lesquelles sont dessinés des points (entre 1 et 6). Faire des cartes assez grandes pour qu'elles soient visibles par tous. • Voir la fiche-ressources p. 121.	• Montrer, quelques secondes, une carte comportant des points. Puis la cacher. • Afficher trois autres cartes à points parmi lesquelles il y a une carte comportant le même nombre de points que celui de la carte cachée. Demander aux enfants de retrouver la bonne carte. • Dans le cadre d'une progression s'étalant sur plusieurs mois, augmenter le nombre de points sur les cartes.	• Chaque carte à points est reproduite plusieurs fois avec des dispositions de points différentes (éviter les constellations).

Situation 2 : Jeu du loto

OBJECTIFS SPÉCIFIQUES	MATÉRIEL	DÉROULEMENT	REMARQUES
• Comparer des collections. • Réaliser des comptages visuels ou effectuer des reconnaissances globales de collections.	• Des cartons de 6 cases sur lesquels on a reporté des constellations variées (entre 1 et 6). 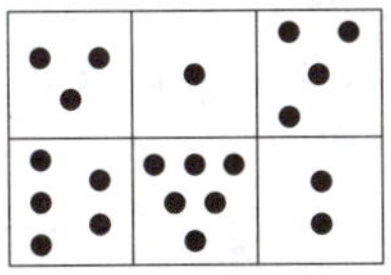 • Des cartes-jeux portant une constellation entre 1 et 6.  • Voir la fiche-ressources p. 121.	• Distribuer un carton à chaque enfant ou à un groupe d'enfants. • Désigner un meneur de jeu et lui demander de tirer au hasard une carte-jeu parmi toutes celles qui sont placées dans une boîte. Le meneur de jeu doit montrer la carte aux joueurs en la nommant (*par exemple « c'est six ! »*). Les autres joueurs doivent reconnaître sur leur carton la même quantité et le signaler. • Le premier joueur qui a reconnu la quantité reçoit la carte et la place sur la case correspondante. • Le gagnant est le joueur qui a rempli son carton le premier. Évolution du jeu. – On peut progressivement augmenter les quantités pour aller jusqu'à 10. – Sur les cartes-jeux on peut remplacer les points par des chiffres.	• On peut jouer aussi sans que le meneur annonce la quantité. Les enfants auront alors à faire des comparaisons purement globales et visuelles. • Si on utilise les chiffres, il sera indispensable de mettre à la disposition des enfants une bande numérique à points ou à chiffres.

Situation 3 : Les cadeaux et les enfants

OBJECTIF SPÉCIFIQUE	MATÉRIEL	DÉROULEMENT	REMARQUES
• Comparer des quantités par correspondance terme à terme.	• Des cartons portant des dessins de cadeaux. • Voir la fiche-ressources p. 127.	• Deux enfants meneurs de jeu sont désignés. Le premier choisit des cartons-cadeaux et les pose au sol. Le second choisit un groupe d'enfants sans consulter son camarade. • Faire comparer ensuite le nombre d'enfants et le nombre de cadeaux. • Variante. Le nombre de cadeaux étant choisi, faire avancer exactement le nombre d'enfants correspondant.	• Diverses stratégies peuvent être employées pour comparer les quantités. *Par exemple :* placer les signes des enfants près des cartons-cadeaux. 

Situation 4 : Les bottes du Père Noël

OBJECTIF SPÉCIFIQUE	MATÉRIEL	DÉROULEMENT	REMARQUES
• Comparer des quantités.	• Des grandes bottes du Père Noël fabriquées en carton. • Des petits objets ou les cartons-cadeaux (voir la fiche-ressources p. 127). • Des cartons comportant des photos d'enfants.	• Le but de l'activité est de remplir les bottes du Père Noël avec des cartons-cadeaux ou des cadeaux réels. • Chaque enfant tire au sort un carton portant des photos d'enfants et prend une botte du Père Noël. • Il gagne un jeton quand le nombre de cadeaux mis dans la botte correspond exactement au nombre d'enfants sur la photo et quand il peut annoncer le nombre correspondant.	Atelier découpage : découper des photos d'enfants dans des catalogues et les coller sur des cartons en nombres variés.

SITUATIONS PROVOQUÉES	Compter des collections	FICHIER DE L'ÉLÈVE Fiches nos 3 et 6	*ÉTAPE 2* NOMBRE – MESURE

OBJECTIF *Compter des collections de 1 à 8 éléments*

Situation 1 : Le jeu des perles

OBJECTIFS SPÉCIFIQUES	MATÉRIEL	DÉROULEMENT	REMARQUES
• Développer le principe cardinal. • Conserver la mémoire de la quantité. • Favoriser le comptage silencieux ou à voix basse.	• Des perles et une boîte pour les placer. • Des cartes comportant des dessins de perles très visibles (entre 1 et 8).	• Placer des perles dans une boîte (le nombre de perles est choisi en fonction des possibilités des enfants). • Faire compter par plusieurs enfants les perles puis cacher la boîte. • Poser ensuite la question : « *Combien y a-t-il de perles dans la boîte ?* » S'il y a eu oubli de la quantité par un enfant, faire à nouveau compter les perles de la boîte. • Reprendre l'activité en variant la quantité de perles. • Montrer une carte contenant des dessins de perles (de 2 à 8 perles). • Faire compter à voix basse par tous les enfants le nombre de perles puis cacher la carte. • Poser la question : « *Combien y a-t-il de perles sur la carte ?* »	• Pour des petites collections (jusqu'à 4), l'enfant peut trouver le nombre de perles sans compter. Sur les cartes, on pourra disposer les perles de manière régulière (constellations) ou irrégulière. (Dans ce cas, le comptage est plus délicat.)

Situation 2 : Des galettes, des fèves et des enfants

OBJECTIFS SPÉCIFIQUES	MATÉRIEL	DÉROULEMENT	REMARQUES
• Compter des collections. • Construire des collections ayant autant d'éléments.	• Des assiettes en carton. • Une galette coupée en 8 parts (dessin ou gâteau réel). • Des fèves. • Une pelle à tarte.	On peut jouer avec un groupe de 12 enfants : 8 sont les clients, 1 est le chef pâtissier qui fait entrer les clients, 3 sont les commis pâtissiers. • Les 3 commis se cachent les yeux dans le coin-lecture. Le chef cuisinier fait entrer des clients (entre 1 et 8). Le premier commis regarde les clients et prépare autant d'assiettes en carton. Les clients se rassoient avec les autres. Le deuxième commis compte les assiettes et va chercher en un seul voyage les parts de gâteau nécessaires. Le troisième commis regarde les assiettes et va chercher autant de fèves que de parts. Alors les clients se lèvent et on contrôle s'ils sont bien servis.	• On peut faire cette activité : – à l'époque de la galette des rois, – à chaque fois que l'on fabrique un gâteau dans la classe.

Situation 3 : Le jeu du transporteur

OBJECTIFS SPÉCIFIQUES	MATÉRIEL	DÉROULEMENT	REMARQUES
• Montrer que le nombre d'objets d'une collection reste le même malgré des perceptions différentes. • Favoriser la compréhension de la conservation des quantités (la quantité reste la même si on n'a rien ajouté ni enlevé).	• Des objets de la classe (pions, cubes, perles, Lego, etc.). • Une boîte ou un sac.	• Montrer aux enfants une collection d'objets et la faire compter par plusieurs d'entre eux. Faire placer les enfants en cercle, mettre les objets dans une boîte et la remettre à un enfant (le transporteur). Celui-ci tourne autour du cercle d'enfants, s'arrête au signal et remet la boîte à l'enfant assis en face de lui lorsqu'il est arrêté. Ce dernier enfant renverse le contenu de la boîte et doit dire, sans compter, combien il y a d'objets. En cas de difficulté, faire compter. • Faire ensuite replacer les objets dans la boîte pour reprendre le jeu suivant la même règle, en variant les objets.	• On peut jouer aussi avec des représentations d'objets en étape 3.

Situation 4 : Des gâteaux et des bougies

OBJECTIFS SPÉCIFIQUES	MATÉRIEL	DÉROULEMENT	REMARQUES
• Compter des collections. • Fabriquer des collections équivalentes. • Mémoriser une quantité.	• 8 bougies d'anniversaire. • 8 petits personnages (clowns...) à mettre sur les gâteaux. • Un gâteau pour 4 enfants. • Une feuille et des feutres. • La bande numérique collective.	Les enfants jouent à 4. Au début, ils tournent le dos à la table où est posé le gâteau et se retournent au fur et à mesure du jeu. • Le premier enfant plante des petits personnages dans le gâteau (entre 1 et 8). • Le deuxième enfant se lève, compte les personnages, les enlève et met sur le gâteau le même nombre de bougies. • Le troisième enfant compte les bougies du gâteau, les enlève, et dessine sur une feuille un gâteau avec le même nombre de bougies. • Le quatrième enfant regarde le dessin et remet des personnages sur le gâteau (autant que de bougies). • Le premier enfant vérifie que le nombre de personnages est le même qu'au début du jeu.	• On peut faire fabriquer des gâteaux en pâte à sel ou en pâte à modeler. • Au besoin, les enfants qui comptent les objets peuvent utiliser la bande numérique pour vérifier. • On peut ajouter des chiffres en étape 3.

Le jeu du carnaval (jeu n°11. Math en pousse 388328).

SITUATIONS PROVOQUÉES	**Compléter la suite des nombres**	**FICHIER DE L'ÉLÈVE** **Fiche n° 9**	*ÉTAPE 2* NOMBRE – MESURE

OBJECTIF *Compléter la suite des nombres entre 5 et 10*

Situation 1 : Le jeu des trésors

OBJECTIFS SPÉCIFIQUES	MATÉRIEL	DÉROULEMENT	REMARQUES
• Associer une écriture chiffrée à un mot-nombre. • Réaliser des dénombrements par comptage.	• Deux dés : – l'un porte les chiffres 1 et 2 sur ses 6 faces ; – l'autre a 3 faces rouges et 3 faces bleues. • Des boîtes ou des sacs. • Des objets. • Des cartes portant les chiffres de 1 à 9 (voir la fiche-ressources p. 121). • Les bandes numériques.	• Répartir les enfants par équipes (de 2 à 4 enfants) et donner à chaque équipe un trésor composé d'une boîte (ou d'un sac) contenant 5 objets. Faire compter les objets et faire rechercher les cartes qui indiquent le nombre 5. Placer une carte 5 près de chaque boîte. • Expliquer la règle du jeu : – dans chaque équipe, un enfant lance les deux dés. Le premier dé indique une couleur et le deuxième un nombre. Si la couleur est rouge, un enfant de l'équipe ajoute dans son trésor le nombre d'objets indiqué par l'autre dé. Si la couleur est bleue, l'enfant enlève du trésor le nombre d'objets indiqué par l'autre dé ; – ensuite, les enfants de chaque équipe doivent compter les objets du trésor et rechercher la carte correspondante qu'ils placent à côté ; – la partie se joue en deux coups. • L'équipe gagnante est celle qui a le plus d'objets dans son trésor.	• Faire réaliser le jeu en veillant à la bonne application des règles.

L'habillage du clown (jeu n°15. Math en pousse 388328).

Situation 2 : La suite des cartes

OBJECTIFS SPÉCIFIQUES	MATÉRIEL	DÉROULEMENT	REMARQUES
• Réaliser une suite croissante de nombres. • Reconnaître rapidement des petites quantités ou les compter.	• 36 cartes formées des cartes 1 à 9 d'un jeu de 52 cartes.	Le jeu se joue à 4 joueurs. • Les cartes sont mélangées, on en distribue trois à chaque joueur et le reste constitue le talon. Chaque joueur doit réaliser avec ses trois cartes une suite croissante de nombres (on ne tient pas compte des couleurs). S'il ne le peut pas, il prend la carte qui est au-dessus du talon et en pose une de son jeu sous le talon (il doit toujours avoir trois cartes). Les joueurs jouent à tour de rôle. • Le gagnant est celui qui a réalisé le premier une suite de trois nombres. • Variante possible. On peut demander de réaliser une suite de quatre nombres (chaque joueur reçoit alors quatre cartes).	• On peut au début jouer seulement avec 24 cartes de 1 à 6, ou seulement 16 cartes de 1 à 4.

Situation 3 : Les maisons du village

OBJECTIFS SPÉCIFIQUES	MATÉRIEL	DÉROULEMENT	REMARQUES
• Associer une écriture chiffrée à une constellation. • Réaliser une suite croissante de nombres.	• Des cartes-maisons numérotées de 1 à 8 (une série bleue et une série rose).  • Des cartes constellations de 1 à 8 (voir la fiche-ressources p. 121). • Une rue bleue et une rue rose, comportant 8 cases. 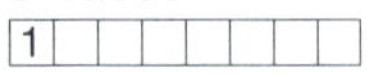	Les enfants jouent à 2. • Les cartes constellations sont posées faces invisibles et sont mélangées. Chaque enfant dispose d'une série de maisons de couleur. • À tour de rôle, chaque joueur retourne une carte constellation et prend dans son jeu la maison correspondante : 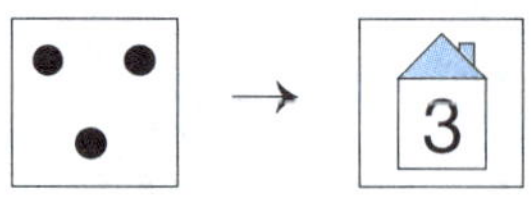 Il la met ensuite à la bonne place dans la rue de sa couleur. • Le premier qui a rempli sa rue a gagné.	• On peut en atelier faire fabriquer les cartes-maisons par les enfants.

SITUATIONS PROVOQUÉES	**Comparer des grandeurs**	**FICHIER DE L'ÉLÈVE** **Fiches n°s 12 et 12 bis**	*ÉTAPE 2* NOMBRE – MESURE

OBJECTIFS *Comparer et ordonner des longueurs dans des situations simples*

Situation 1 : La bataille des longueurs

OBJECTIFS SPÉCIFIQUES	MATÉRIEL	DÉROULEMENT	REMARQUES
• Ordonner des objets selon leur longueur. • Intercaler un objet entre deux autres suivant la longueur.	• Des baguettes de différentes longueurs (en bois, tubes, PVC). Certaines ont la même longueur (au moins 10 baguettes à comparer).	• Présenter les baguettes aux enfants et les laisser réagir sur leurs formes. Prendre deux baguettes de même longueur et montrer qu'on peut les placer côte à côte de telle sorte que leurs extrémités coïncident. Faire rechercher toutes les baguettes qui ont la même longueur. • Rassembler les baguettes et les placer de telle sorte qu'on ne puisse pas repérer leur longueur (on ne voit qu'une extrémité de baguette et toutes les extrémités visibles sont alignées). • Expliquer la règle du jeu : deux enfants prennent chacun une baguette et les comparent. Le gagnant est celui qui a la plus grande. • Faire jouer plusieurs paires d'enfants et demander d'expliquer les comparaisons effectuées. • Rassembler 5 à 6 baguettes et demander de les ranger de la plus petite à la plus grande. Faire expliquer les démarches suivies. • Mélanger les baguettes et demander à un enfant de refaire le rangement. Faire placer les baguettes sur le sol ou sur une table. • Montrer une nouvelle baguette et demander de la mettre à la bonne place pour que toutes les baguettes soient bien rangées.	• La rigidité des baguettes facilite la comparaison des longueurs. Il est plus difficile de comparer des fils ou tout autre objet non rectiligne. • On pourra utiliser les expressions « plus long » et « plus court ». La comparaison de deux baguettes en les plaçant côte à côte à partir d'une extrémité commune n'est pas évidente pour tous les enfants.

Situation 2 : La cible

OBJECTIFS SPÉCIFIQUES	MATÉRIEL	DÉROULEMENT	REMARQUES
• Comprendre les expressions « plus près », « plus loin » et les utiliser. • Estimer des distances.	• Une cible portant différentes zones. • Des palets ou des cubes.	• Présenter la cible aux enfants et faire lancer les palets à 4 ou 5 enfants en précisant la règle du jeu : celui qui est le plus près du centre a gagné. • Faire commenter les résultats en utilisant les expressions « plus près », « plus loin » et faire déterminer le gagnant. *Exemple de cible :* 	• Les divers disques de la cible facilitent le repérage. Il ne faut pas exiger, cependant, une grande précision et on se contentera d'une relative approximation, même si cela conduit à ne pas différencier deux joueurs.

Situation 3 : Les serpentins

OBJECTIF SPÉCIFIQUE	MATÉRIEL	DÉROULEMENT	REMARQUES
• Comparer des longueurs et les ordonner.	• Des rouleaux de serpentins de différentes couleurs. • De la colle. • Des grandes feuilles.	• Placer les enfants par groupes de 4. • On distribue à chaque enfant un morceau de serpentin d'une couleur et de longueur différentes de celles de ses camarades. • Les enfants doivent comparer les longueurs des serpentins et trouver un moyen de montrer qui a le plus long en les collant sur une grande feuille. • Faire plusieurs essais sur des feuilles multiples avec des longueurs de serpentins variées.	• On peut placer une ligne sur la feuille pour obliger les enfants à coller à partir de ce repère. 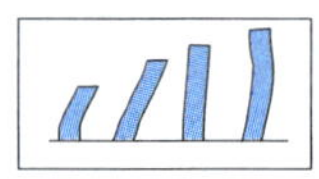

SITUATIONS PROVOQUÉES	Construire une collection de nombre donné	FICHIER DE L'ÉLÈVE Fiches n°s 3 et 6	*ÉTAPE 3* NOMBRE – MESURE

OBJECTIF *Fabriquer des collections entre 1 et 9 objets*

Situation 1 : Le jeu des bouchons

OBJECTIFS SPÉCIFIQUES	MATÉRIEL	DÉROULEMENT	REMARQUES
• Faire apparaître que le nombre est utile pour mémoriser des quantités. • Compter et construire des collections.	• Un quadrillage de 9 cases dessiné sur une feuille ou tracé au sol. • Une douzaine de flacons et de bouchons (éloignés du quadrillage).	• Présenter le quadrillage aux enfants et poser le problème : il faut aller chercher les flacons en un seul voyage pour qu'il y ait un bouchon et un seul sur chaque case du quadrillage. Laisser les enfants proposer leurs solutions et les laisser les réaliser. Faire apparaître l'intérêt de recourir au nombre. • Placer quelques bouchons sur les flacons. Poser un nouveau problème : il faut aller chercher en un seul voyage ce qu'il faut de bouchons pour que chaque flacon ait le sien. Demander à un enfant de répondre à la consigne. • Reprendre avec d'autres enfants en modifiant le nombre initial de bouchons.	• On peut remplacer ce matériel par des objets pouvant remplir la même fonction : des boîtes et leurs couvercles, des stylos et leurs capuchons... • Des enfants ne pensent pas à compter et se préoccupent seulement de l'action.

Situation 2 : Les balles du jongleur

OBJECTIFS SPÉCIFIQUES	MATÉRIEL	DÉROULEMENT	REMARQUES
• Compter et construire des collections.	• Des balles. • Des grands cartons ou paniers. • Des cartes indiquant les nombres de 1 à 9 (plusieurs séries). • Voir la fiche-ressources p. 121.	• Un enfant est le jongleur. Il devra lancer des balles dans les paniers ou dans les cartons. • Ses camarades lui montrent une carte-nombre : il lance le nombre de balles correspondant. • Un jongleur lance ses balles (moins de 10) dans le carton, son camarade doit compter ce qu'il met et lancer à son tour exactement le même nombre de balles. • Un enfant annonce un nombre, le jongleur lance le bon nombre de balles. • Un enfant dit un nombre, le deuxième choisit la carte-nombre, le troisième jette les balles, le quatrième compte les balles et choisit la carte-nombre correspondante, le cinquième annonce le nombre.	• L'exercice de lancer ne doit pas entraver le comptage (prévoir une action simple). • Faire entrer successivement les 5 enfants dans la pièce.

Situation 3 : Les gens du cirque

OBJECTIFS SPÉCIFIQUES	MATÉRIEL	DÉROULEMENT	REMARQUES
• Compter des collections. • Apparier des collections. • Reconnaître globalement des petites collections.	• Des cartes indiquant les nombres de 1 à 9. • Des cartes vierges. • 36 cartes portant des personnages du cirque. Sur chaque carte, le nombre de personnages varie entre 1 et 9. Prévoir 9 cartes en tout pour chaque famille. • Voir la fiche-ressources p. 126.	On joue à 4 joueurs. • Chaque joueur possède les 9 cartes d'une famille du cirque (les clowns, les jongleurs, les magiciens et les dompteurs). Les cartes vierges ou chiffrées sont rassemblées en un paquet au centre de la table. Chaque joueur dispose à l'endroit les cartes de sa famille. • Chacun, à son tour, tire une carte du paquet central et doit alors prendre dans sa famille la carte correspondante et la poser à côté de lui. S'il tire une carte vierge ou une carte-nombre déjà tirée il ne fait rien. • Le gagnant est le premier joueur qui a regroupé toutes les cartes de sa famille.	• On peut remplacer les personnages par des animaux. • On peut se limiter au nombre 6. Dans ce cas, on utilise un dé au lieu du paquet de cartes.

Faisons les clowns ! (page 84).

SITUATIONS PROVOQUÉES	**Compléter des collections**	**FICHIER DE L'ÉLÈVE** **Fiche n° 9**	*ÉTAPE 3* NOMBRE – MESURE

OBJECTIF *Compléter des collections pour atteindre un nombre donné*

Situation 1 : Les pages qui manquent

OBJECTIFS SPÉCIFIQUES

- Construire des collections et les comparer.
- Utiliser la suite numérique jusqu'à 12.

MATÉRIEL

- Des petits livres ou cahiers dont les pages sont blanches.
- Des feutres, des ciseaux et de la colle.
- Des pages de catalogue.
- Une bande numérique.
- Des gommettes.

DÉROULEMENT

- Demander aux enfants de découper des objets dans des catalogues et de les coller sur les pages des petits livres afin de réaliser les pages 1, 2, 3, 4, 5, 6 :

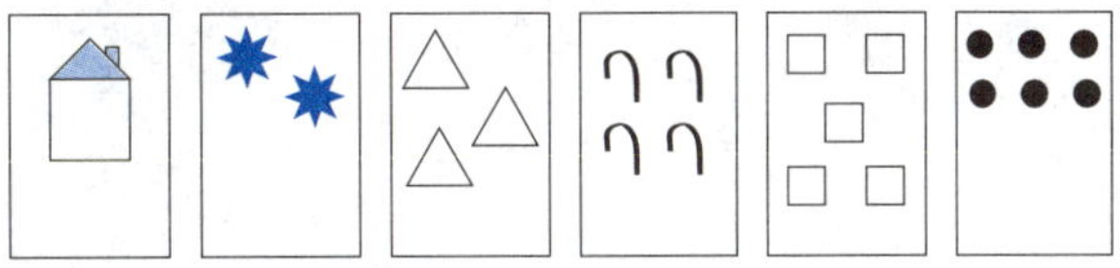

- Poser le problème : *« Comment compléter le livre afin de réaliser les pages 7, 8, 9, 10, 11 et 12 ? »*
- Faire placer le nombre de gommettes qu'il faut pour construire ces pages.
- Demander de placer les pages dans l'ordre des collections et les numéroter.

REMARQUES

- Cette activité peut s'inscrire dans le cadre de la correspondance scolaire : fabriquer un petit livre à compter pour les correspondants.
- On choisit le nombre de pages selon les possibilités des enfants.

Situation 2 : De l'ordre dans l'album

OBJECTIF SPÉCIFIQUE

- Compléter des collections pour obtenir un nombre donné.

MATÉRIEL

- Des petits albums à compter à compléter.
- Une agrafeuse.
- La bande numérique individuelle.

DÉROULEMENT

On joue à la maîtresse qui corrige le travail des enfants.

- Chaque enfant doit corriger une fiche.
  On distribue aux enfants les pages d'un album à compter où les collections ne correspondent pas au chiffre écrit.
  Chaque enfant doit les compléter.

Par exemple :

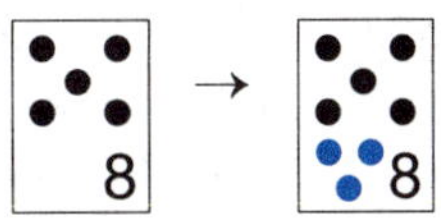

REMARQUES

- On peut ensuite demander aux enfants de les remettre dans l'ordre avant de les agrafer.

Situation 3 : La course à dix

OBJECTIF SPÉCIFIQUE	MATÉRIEL	DÉROULEMENT	REMARQUES
• Compléter des collections pour atteindre le nombre dix.	• Un dé. • Des pions. • Une bande numérique.	On joue avec 2 enfants. • Un enfant lance le dé et pose sur la table le nombre de pions correspondant à l'indication du dé. Le second enfant doit alors prendre le nombre exact de pions pour compléter et obtenir le nombre dix. • On joue à 4 par équipes de 2. Les joueurs A et B de la même équipe lancent chacun le dé. Si le total des deux lancers fait dix, les joueurs gagnent un jeton.	• On inverse les rôles au bout de 5 parties. • On peut vérifier en posant les pions, sur la bande numérique. • L'emploi des pions est nécessaire pour la recherche du total des deux lancers de dé.

SITUATIONS PROVOQUÉES	Compléter la suite des nombres	FICHIER DE L'ÉLÈVE Fiche n° 12	*ÉTAPE 3* NOMBRE – MESURE

OBJECTIF *Savoir énoncer la suite des nombres de 1 à 12*

Situation 1 : La course des voitures-taxis

OBJECTIFS SPÉCIFIQUES	MATÉRIEL	DÉROULEMENT	REMARQUES
• Reconnaître les écritures chiffrées des nombres de 1 à 12 et savoir les ordonner.	• Les bandes numériques collectives et individuelles. • Des petites voitures de couleurs différentes ou des dessins de petites voitures (prévoir 4 séries de 12 voitures). • Des gommettes chiffrées à poser sur les voitures. • Voir la fiche-ressources p. 126.	On joue à 4 joueurs. • Chaque enfant choisit une série de petites voitures numérotées de 1 à 12. • Au signal, les 4 joueurs doivent ranger leurs voitures dans l'ordre des chiffres. • Le premier qui a terminé est le gagnant. • Variante. Les enfants alignent leurs voitures. Un cinquième joueur enlève une petite voiture dans chaque file sans montrer laquelle. Les joueurs doivent annoncer le nom de la voiture qui manque.	• Dans un premier temps on peut jouer seulement avec 9 voitures par enfant.

Situation 2 : Le meilleur compteur

OBJECTIFS SPÉCIFIQUES	MATÉRIEL	DÉROULEMENT	REMARQUES
• Reconnaître les écritures chiffrées des nombres de 1 à 12. • Trouver le nombre d'avant et le nombre d'après.	• Des cartes portant les chiffres de 1 à 12. • Les bandes numériques collectives et individuelles.	• Placer les cartes devant les enfants, dans l'ordre, nombres cachés. Retourner les trois premières cartes et demander à chaque enfant de trouver le nom du nombre qui suit et de le montrer sur la bande des nombres. • Retourner trois cartes consécutives de la suite (par exemple 3, 4, 5) et donner la même consigne que précédemment. Reprendre plusieurs fois cette activité en diminuant progressivement le nombre de cartes retournées. • Reprendre les mêmes activités en recherchant le nombre qui précède. • Variante. Retourner 3 cartes, ne pas retourner la quatrième, trouver quelle sera la cinquième.  	• Les enfants doivent bien distinguer les termes « avant » et « après », appliqués à la suite des nombres.

SITUATIONS PROVOQUÉES	Comparer des grandeurs	FICHIER DE L'ÉLÈVE Fiches n°s 14 et 14 bis	*ÉTAPE 3* NOMBRE – MESURE

OBJECTIF *Comparer des grandeurs (et plus spécialement des longueurs)*

Situation 1 : Mesurons nos pieds

OBJECTIFS SPÉCIFIQUES	MATÉRIEL	DÉROULEMENT	REMARQUES
• Comparer des longueurs. • Savoir trouver une stratégie appropriée au problème.	• Les chaussures des enfants de la classe. • Du carton.	• Inscrire les enfants dans un projet de communication avec d'autres. *Exemple : savoir qui a les plus grands pieds...* • Trouver un moyen de comparer les pieds : – dessiner le contour du pied sur des feuilles (difficile) ; – dessiner le contour de la semelle des chaussures (plus facile). Faire découper ces contours, y écrire les chiffres de la pointure, les ranger du plus petit au plus grand ; – noter les résultats sur le tableau.	• La nécessité de communication facilite la prise de conscience du problème. • Comparer avec les résultats reçus des enfants d'une autre classe.

Situation 2 : Les fleurs

OBJECTIF SPÉCIFIQUE

- Ordonner des objets selon leur surface.

MATÉRIEL

- Des disques de papier de différents diamètres et de différentes couleurs (en prévoir beaucoup).
- Des attaches parisiennes.

DÉROULEMENT

- Montrer une « fleur » réalisée à partir de trois disques de diamètres différents et de couleurs différentes.
- Proposer de construire de telles fleurs à partir de trois ou quatre disques, en respectant bien la consigne : on place des disques de plus en plus petits. Faire fixer les disques à l'aide d'une attache parisienne.

Exemple de « fleur » :

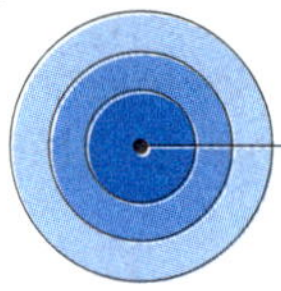

REMARQUES

- On peut associer un jeu logique à partir des fleurs fabriquées : « Avec 3 couleurs, combien de fleurs peut-on fabriquer ? »

Exemples :

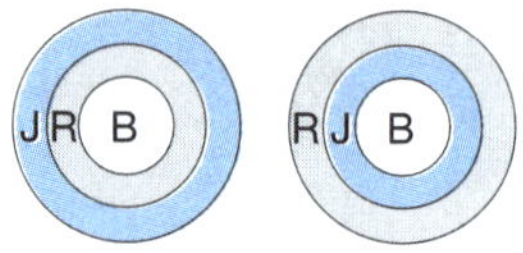

Situation 3 : Les voitures

OBJECTIFS SPÉCIFIQUES

- Introduire la notion d'unité de mesure.
- Comprendre et utiliser les notions « plus près », « plus loin ».
- Aborder la notion d'ordinal (premier, deuxième...).

MATÉRIEL

- Des petites voitures de couleurs différentes.
- Une piste formée de cases rectangulaires.
- Un dé portant 1, 2 ou 3 points.

DÉROULEMENT

On joue à 2, 3 ou 4 joueurs.

- Attribuer une petite voiture à chacun des enfants et les faire placer sur la case de départ (D). Faire lancer le dé à tour de rôle. Chaque joueur avance sa voiture d'autant de cases que de points sur le dé. La partie se déroule en 3 coups.
- Le gagnant est celui qui a avancé le plus sur la piste.
- À l'issue de la partie, faire commenter les résultats en utilisant les expressions « plus près », « plus loin » et en faisant déterminer le gagnant.

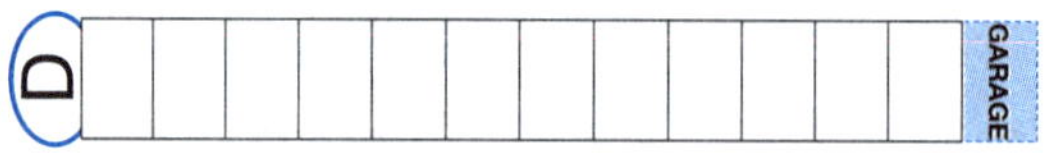

REMARQUES

- On pourra progressivement remplacer les points par des chiffres.
- On peut prévoir des baguettes de papier correspondant à la longueur de la piste. On peut ainsi ordonner les baguettes dans l'ordre d'arrivée.

LES JEUX ET ATELIERS AUTONOMES

Présentation des activités pour chaque étape

On trouve la description complète de ces jeux avec les planches de jeux et le matériel dans le document « 17 Jeux mathématiques » qui est un élément de l'ensemble pédagogique proposé pour la Moyenne Section. Est présenté seulement ici un rappel succinct de ces divers jeux et une suggestion d'introduction durant l'année scolaire.

Structuration de l'espace et du temps

Étape 1	Jeu	Étape 2	Jeu	Étape 3	Jeu
La course des Caddies	n° 1	Le vent dans le village	n° 8	Le chien de cirque	n° 12
Les sorcières de la forêt	n° 2	Le costume d'Arlequin	n° 7	Le puzzle des animaux du cirque	n° 13
				L'habillage du clown	n° 15
				La promenade dans la ville	n° 14

Activités logiques

Étape 1	Jeu	Étape 2	Jeu	Étape 3	
Le domino des cartes de Noël	n° 6	Le jeu du carnaval	n° 11		

Approche du nombre et de la mesure

Étape 1	Jeu	Étape 2	Jeu	Étape 3	Jeu
Le jeu de l'écureuil	n° 3	Le jeu de la galette	n° 9	Le jeu des facteurs	n° 16
Les oiseaux de la forêt	n° 5	Le cadeau d'anniversaire	n° 10	Le garage aux couleurs	n° 17
Les jouets de Noël	n° 4				

Jeu n° 1 – La course des Caddies

Objectifs

- Se déplacer sur un quadrillage.
- Établir une correspondance terme à terme entre la constellation du dé et le nombre de cases du quadrillage.
- Anticiper (savoir où aller en fonction du jet de dé).

Jeu n° 2 – Les sorcières de la forêt

Objectifs

- Distinguer « l'intérieur » et « l'extérieur » d'un domaine limité par une ligne fermée.
- Reconnaître les constellations d'un dé et les couleurs des ronds du parcours.

Jeu n° 3 – Le jeu de l'écureuil

Objectifs

- Reconnaître et utiliser des petites collections.
- Suivre une piste orientée.

Jeu n° 4 – Les jouets de Noël

Objectifs

- Associer une constellation et un nombre d'objets.
- Associer deux collections équivalentes.

Jeu n° 5 – Les oiseaux de la forêt

Objectifs

- Dénombrer de petites collections (de 1 à 4).
- Établir une correspondance terme à terme.
- Lire les indications de 2 dés.

Jeu n° 6 – Le domino des cartes de Noël

Objectifs

- Savoir associer les deux parties symétriques d'une carte (jeu n° 1)
- Apprendre à avoir une stratégie de jeu pour bloquer l'adversaire (jeu n° 2).

Jeu n° 7 – Le costume d'Arlequin

Objectifs

- Établir la correspondance entre les faces du dé et ses constellations et le nombre de jetons à gagner.
- Reconstituer le pavage du costume d'Arlequin, en respectant le modèle proposé.
- Trouver des pavages possibles du costume d'Arlequin.

Jeu n° 8 – Le vent dans le village

Objectifs

- Associer une constellation et un nombre de cases sur le quadrillage.
- Se repérer dans l'espace dans quatre directions.

Jeu n° 9 – Le jeu de la galette

Objectifs

- Se déplacer sur un chemin orienté.
- Établir une correspondance entre les constellations du dé et le nombre de cases du circuit.
- Comparer terme à terme les gains des 2 joueurs.

Jeu n° 10 – Le cadeau d'anniversaire

Objectifs

- Établir la correspondance entre les chiffres du dé et le déplacement sur les cases du jeu.
- Choisir le meilleur parcours pour arriver le plus vite.

Jeu n° 11 – Le jeu du carnaval

Objectifs

- Faire travailler la mémoire visuelle.
- Associer deux images ayant un rapport logique entre elles.
- Mémoriser l'emplacement des images.
- Reconstituer des paires.

Jeu n° 12 – Le chien de cirque

Objectifs

- S'orienter dans l'espace.
- Observer la position relative de deux objets.
- Apprendre quelques mots du vocabulaire spatial : devant, derrière, au-dessus, au-dessous.
- Reconnaître et utiliser des petites collections.

Jeu n° 13 – Le puzzle des animaux

Objectifs

- Associer la constellation du dé avec le chiffre correspondant inscrit sur un morceau de puzzle.
- Reconstituer un puzzle en replaçant les morceaux au bon endroit.

Jeu n° 14 – La promenade dans la ville

Objectifs

- Se déplacer et s'orienter sur un plan quadrillé en respectant des contraintes.
- Reconnaître les constellations d'un dé.

Jeu n° 15 – L'habillage du clown

Objectifs

- Reconnaître des formes simples (rond, carré, triangle).
- Établir une relation entre les pièces géométriques et les dessins du clown.

Jeu n° 16 – Le jeu des facteurs

Objectifs

- Se déplacer sur le circuit en respectant les constellations du dé.
- Savoir réciter la comptine des nombres jusqu'à 7.
- Savoir dénombrer jusqu'à 7.
- Évaluer et comparer 2 quantités par correspondance terme à terme (chemin des enveloppes).

Jeu n° 17 – Le garage aux couleurs

Objectifs

- Établir une correspondance entre la taille des voitures et la taille des emplacements.
- Associer les critères de taille et de couleur.
- Comparer 2 collections d'objets.

LES SITUATIONS GLOBALES

Comment aborder tous les domaines mathématiques en centrant les activités autour d'un thème ou d'un projet ?

Le maître peut choisir d'aborder les domaines mathématiques en les centrant autour d'un thème ou d'un projet qu'il s'est fixé. Il doit alors veiller en établissant ce projet à ce que des objectifs mathématiques précis puissent être atteints.
L'organigramme qui suit montre quelles doivent être les préoccupations du maître en concevant ces activités :

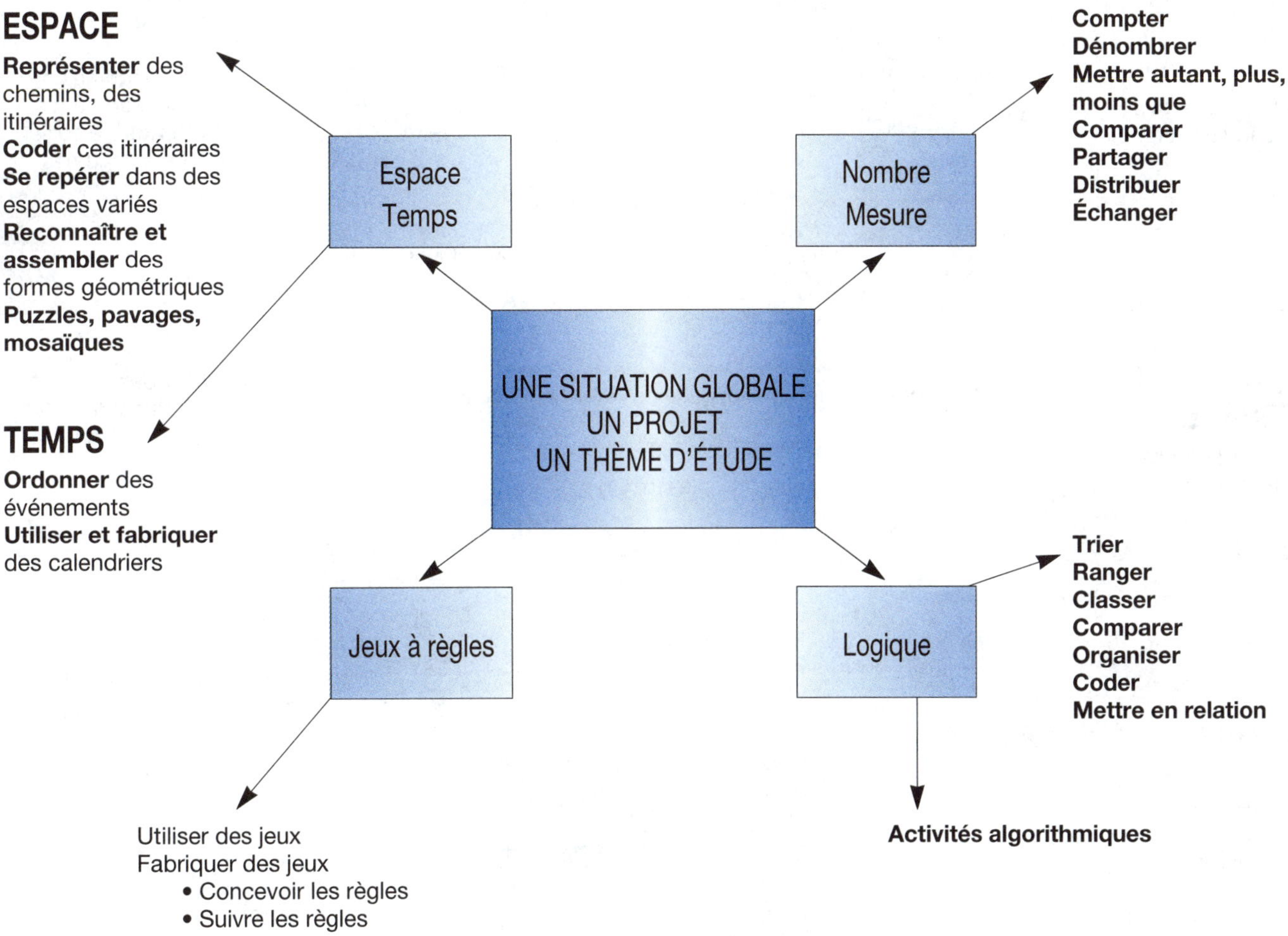

* Les pages suivantes décrivent quelques organigrammes relatifs à des thèmes fréquemment traités au cycle 1 :

Étape 1 : le marché, les magasins, la ferme, la forêt, Noël.

Étape 2 : la galette des rois, l'anniversaire, le village, le carnaval.

Étape 3 : le cirque, la fabrication d'un album, la ville, le quartier, la correspondance scolaire.

Le codage ⦿ correspond à des situations provoquées décrites dans le livre.

* L'indication Jeu n° renvoie à "17 Jeux mathématiques. Maths en pousse" (code 388 328).

le marché et les magasins — ÉTAPE 1

Espace / Temps

ESPACE

Coder l'itinéraire pour aller au marché, au centre commercial

Inventer des chemins et des labyrinthes qui permettent de ramasser des fruits ou des légumes

- Le voleur de commissions (p. 49)
- Le panier rempli (p. 49)

TEMPS

Sur le calendrier du mois, repérer les jours de marché

Nombre / Mesure

Compter des fruits
Compter des légumes
Mettre dans des paniers « le même nombre » de fruits et de légumes
Mettre des étiquettes à des caisses de fruits et de légumes

- Jeu des légumes (p. 92)
- Le panier de commissions (p. 92)

Jeux

- La course des Caddies (jeu n° 1)

Logique

Tris, classements, comparaisons :
– Dînettes
– Fruits et légumes du coin de la marchande
Algorithmes : le collier des fruits et légumes

- Le jeu de l'épicier (p. 73)

---

la ferme — ÉTAPE 1

Espace / Temps

ESPACE

Coder l'itinéraire pour aller à la ferme

Se repérer et coder : l'espace de la ferme, l'étable…

- Le chemin de la ferme (p. 50)
- Des grains pour les poules (p. 51)

TEMPS

Ordonner des événements :
– Naissance du poussin
– Croissance d'une plante
– Travail du fermier

Nombre / Mesure

Compter des animaux, des habitants de la ferme, des outils de la ferme

- Les œufs et les poussins (p. 94)
- La plus grande bande d'animaux de la ferme (p. 94)

Jeux

- Dominos des animaux (p. 81)

Logique

Tris, classements, comparaisons :
– des animaux de la ferme par familles
– les petits et leurs parents
– les animaux et leur nourriture
Algorithmes : frise des œufs, des poussins et des poules

- Erreur à la ferme (p. 74)

la forêt — ÉTAPE 1

Espace / Temps

ESPACE

Coder un itinéraire pour se rendre à la forêt (maison, champignon, etc.)

- Boucle d'or perdue dans la forêt (p. 52)
- La course dans les labyrinthes (p. 52)
- La sorcière et les animaux (p. 53)

TEMPS

Chronologie : ranger des arbres selon leur âge (du plus jeune au plus vieux)

Nombre / Mesure

Compter : des marrons, glands, châtaignes, feuilles, champignons…
Comparer des longueurs de branches d'arbres
Mettre « autant, plus, moins de glands **que de… »**

- Les provisions de l'écureuil (p. 95)
- Les arbres de la forêt (p. 96)

Jeux

- Le jeu de l'écureuil (jeu n° 3)
- Les oiseaux de la forêt (jeu n° 5)
- Les sorcières de la forêt (jeu n° 2)
- Le domino des arbres (p. 74)

Logique

Tris, classements, comparaisons : feuilles d'arbres fruits, champignons…
Algorithmes : continuer des frises décoratives avec glands, feuilles, champignons...

- Les habitants de la forêt (p. 75)

Noël — ÉTAPE 1

Espace / Temps

ESPACE

Le chemin du Père Noël : *Par où est-il passé ?* (traces de pas dans la neige)

- Le puzzle de l'arbre de Noël
- Les boules de Noël (p. 55)
- Le jeu des sapins (p. 56)

TEMPS

Calendrier de l'avent : *combien de jours avant Noël ?*

Nombre / Mesure

Compter : des boules, bougies, sapins, Pères Noël, cadeaux, enfants…
Comparer la grandeur des sapins, des guirlandes
Mettre « autant, plus, moins de boules **que de** bougies… »

- Les cadeaux et les enfants (p. 97)
- Les bottes du Père Noël (p. 97)

Jeux

- Les jouets de Noël (jeu n° 4)
- Le domino des cartes de Noël (jeu n° 6)

Logique

Tris, classements, comparaisons : boules, bougies, cadeaux
Algorithmes :
- les guirlandes aux anneaux de couleur : chercher des possibilités avec 3 anneaux
- les boules : trouver un algorithme de décoration
- algorithme dans le plan : fabriquer des papiers cadeaux

- La commande au Père Noël (p. 77)

la galette des rois — ÉTAPE 2

Espace / Temps

ESPACE

Puzzle de la galette : reconstituer une galette coupée en morceaux

- ⦿ La recette de la galette (p. 57)
- ⦿ L'habillage du roi (p. 58)

TEMPS

Chronologie :
– ordre des actions pour réaliser la recette
– ordre des photos de la fête des rois

Nombre / Mesure

Compter : les enfants, fèves, galettes, couronnes
Partager les galettes
Mettre « autant de galettes **que de** fèves, **de** couronnes **que** d'enfants »

- ⦿ Des galettes, des fèves et des enfants (p. 99)

Jeux

- Le jeu de la galette (jeu n° 9)

Logique

Tris, classements, comparaisons : galettes, couronnes, fèves
Algorithmes : trouver des algorithmes pour décorer les couronnes et les galettes

- ⦿ Le domino des galettes (p. 78)

---

l'anniversaire — ÉTAPE 2

Espace / Temps

ESPACE

Reconnaître des formes géométriques

- ⦿ Des gâteaux différents (p. 59)
- ⦿ La recette de la galette (p. 57)

TEMPS

Chronologie : ordonner des événements (photos de l'anniversaire, recette du gâteau…)

Nombre / Mesure

Compter : les bougies, cadeaux, enfants, années
Mettre « autant de bougies **que** d'années, **de** parts de gâteaux **que** d'enfants »
Partager un gâteau

- ⦿ Des gâteaux et des bougies (p. 100)

Jeux

- Le cadeau d'anniversaire (jeu n° 10)
- ⦿ Le jeu du loto de l'anniversaire (p. 81)

Logique

Tris, classements, comparaisons : gâteaux, bougies, cadeaux
Algorithmes : fabrication de papier cadeau

- ⦿ Le jeu des gâteaux d'anniversaire (p. 79)

le village – ÉTAPE 2

Espace / Temps

ESPACE

Itinéraires dans les rues du village :
- pour aller à l'école,
- pour aller chez un commerçant, etc.

⦿ De l'ordre dans le village (p. 61)

TEMPS

Ordre de fabrication d'un produit (le pain chez le boulanger…)

Nombre / Mesure

Compter : des maisons, rues, pancartes, boutiques…
Numéroter les maisons d'une rue
Mettre « autant de pancartes **que de** rues, **de** garages **que de** maisons… »
Comparer la hauteur des maisons, la longueur des rues

⦿ Les maisons du village (p. 102)

Jeux

- Le vent dans le village (jeu n° 8)

Logique

Tris, classements, comparaisons : maisons, magasins, outils (artisans du village)
Mettre en relation : les artisans et leurs outils, les boutiques et les produits vendus
Algorithmes : fabriquer des rues en alternant des maisons de couleur ou des maisons et des immeubles

⦿ Le coloriage des maisons (p. 82)

---

le carnaval – ÉTAPE 2

Espace / Temps

ESPACE

Itinéraire pour faire le défilé

⦿ Le chemin des masques (p. 63)
⦿ Des points et des masques (p. 63)

TEMPS

Chronologie : ordre des actions pour se déguiser

Nombre / Mesure

Compter : des éléments de costumes, enfants, sacs de confettis, masques
Mettre « autant de costumes **que d'**enfants, **de** nœuds **que de** chapeaux… »
Comparer la longueur des serpentins

⦿ Les serpentins (p. 104)

Jeux

- Le jeu du carnaval (jeu n° 11)
- Le costume d'Arlequin (jeu n° 7)

Logique

Tris, classements, comparaisons : costumes, maquillages, nœuds, chapeaux, masques
Algorithmes : décorations de chapeaux, costumes selon des algorithmes répétitifs
Combinatoire : *avec 3 masques et 2 chapeaux, combien peut-on se faire de têtes différentes ?*
À partir de morceaux d'image, **retrouver des parties** de costumes qui manquent

⦿ Faisons les clowns ! (p. 84)

le cirque
ÉTAPE 3

Espace / Temps

ESPACE

Itinéraire de la parade du cirque dans les rues
Itinéraire pour aller au cirque

- Le labyrinthe du cirque (p. 65)

TEMPS

Chronologie :
- ordre des participants à la parade du cirque
- ordre des numéros dans le spectacle de cirque

Nombre / Mesure

Compter les balles, quilles, cerceaux, animaux, clowns…
Comparer : les hauteurs des chapiteaux
Mettre « autant de lions **que de** tigres, **d'**éléphants **que de** chevaux… »

- Les balles du jongleur (p. 105)
- Les gens du cirque (p. 106)

Jeux

- L'habillage du clown (jeu n° 15)
- Le chien du cirque (jeu n° 12)
- Le puzzle des animaux du cirque (jeu n° 13)

Logique

Tris, classements, comparaisons : personnages du cirque animaux, accessoires
Algorithmes : les couleurs du chapiteau (2 couleurs ; 3 couleurs)
Rechercher toutes les façons d'habiller le clown (3 pantalons, 2 vestes…)

- Le magicien (p. 85)
- Des ballons bleus et rouges (p. 86)
- La visite de la ménagerie (p. 87)

---

la fabrication d'un album
ÉTAPE 3

Espace / Temps

TEMPS

Remettre en ordre les pages de l'album
Constituer le sommaire (avant, après)

- Les tapis de ma grand-mère (p. 67)
- Les contrepages de l'album (p. 67)

Nombre / Mesure

Compter : les albums, pages, illustrations, apparitions du personnage favori
Mettre « autant de dessins **que de** pages »
Numéroter les pages

- Les pages qui manquent (p. 107)
- De l'ordre dans l'album (p. 107)

Jeux

Logique

Tris et classements : des rubriques, des dessins
Algorithmes : dans un magazine, alterner les rubriques (jeu, recette, histoire)

- Les dessins de l'album (p. 87)
- La visite de la ménagerie (p. 87)

la ville ou le quartier – ÉTAPE 3

Espace Temps

⦿ Les fêtes de mon quartier (p. 68)

ESPACE

Itinéraires dans la ville
Trajet le plus court pour aller d'un endroit à un autre

TEMPS

Chronologie : la construction d'une maison ou d'un immeuble (ordre des travaux)

Nombre Mesure

Compter : les maisons, gens, magasins, immeubles, voitures, rues
Mettre « autant de maisons **que de** voitures… »
Comparer la hauteur des immeubles, des grues, la longueur des rues

⦿ La course des voitures-taxis (p. 108)

Jeux

- Le jeu des facteurs (jeu n° 16)
- La promenade dans la ville (jeu n° 14)

Logique

Tris et classements : de magasins, voitures, maisons
Algorithmes : faire des rues avec une maison, un immeuble, un magasin

⦿ Le cube coquin (p. 88)
⦿ Les images identiques (p. 88)

---

la correspondance scolaire – ÉTAPE 3

Espace Temps

⦿ Un puzzle pour les correspondants (p. 70)

ESPACE

Itinéraires pour :
- aller chez les correspondants
- aller en voyage avec les correspondants

Coder l'itinéraire d'une visite pour la raconter aux correspondants

TEMPS

Fabriquer des calendriers pour attendre la venue du correspondant

Nombre Mesure

Compter : les correspondants, garçons, filles, enfants dans les groupes…
Répartir les correspondants des deux classes
Fabriquer des livres à compter
Échanger des situations-problèmes

⦿ Mesurons nos pieds (p. 109)

Jeux

- Fabriquer des jeux à règles pour envoyer aux correspondants

Logique

Tris, classements : d'objets envoyés par les correspondants
Algorithmes : inventer des algorithmes à faire poursuivre par les correspondants
Puzzles et pavages : fabriquer des puzzles à communiquer aux autres enfants

Sommaire

Conseils d'utilisation

- Les fiches sont conçues pour être reproduites ou agrandies, et les dessins y figurant peuvent être coloriés selon les situations proposées.
- Les éléments dessinés peuvent servir d'objets à compter mais aussi à trier ou à classer ; pour cela ils sont donc proposés en 3 dimensions.
- Les fiches-ressources peuvent être utilisées comme matériel-support pour des situations décrites dans le Livre du maître mais également dans des situations créées par le maître.

Remarques relatives à certaines fiches

- **F 3 :** ces bandes numériques de plus en plus complexes seront distribuées aux enfants au cours de l'année.
- **F 4 :** ce sont des parcours ou labyrinthes où l'on peut varier les entrées, les sorties et les déplacements.
- **F 7 à F 16 :** ces fiches proposent des dessins pouvant être comptés, triés, rangés, positionnés, etc.

F2

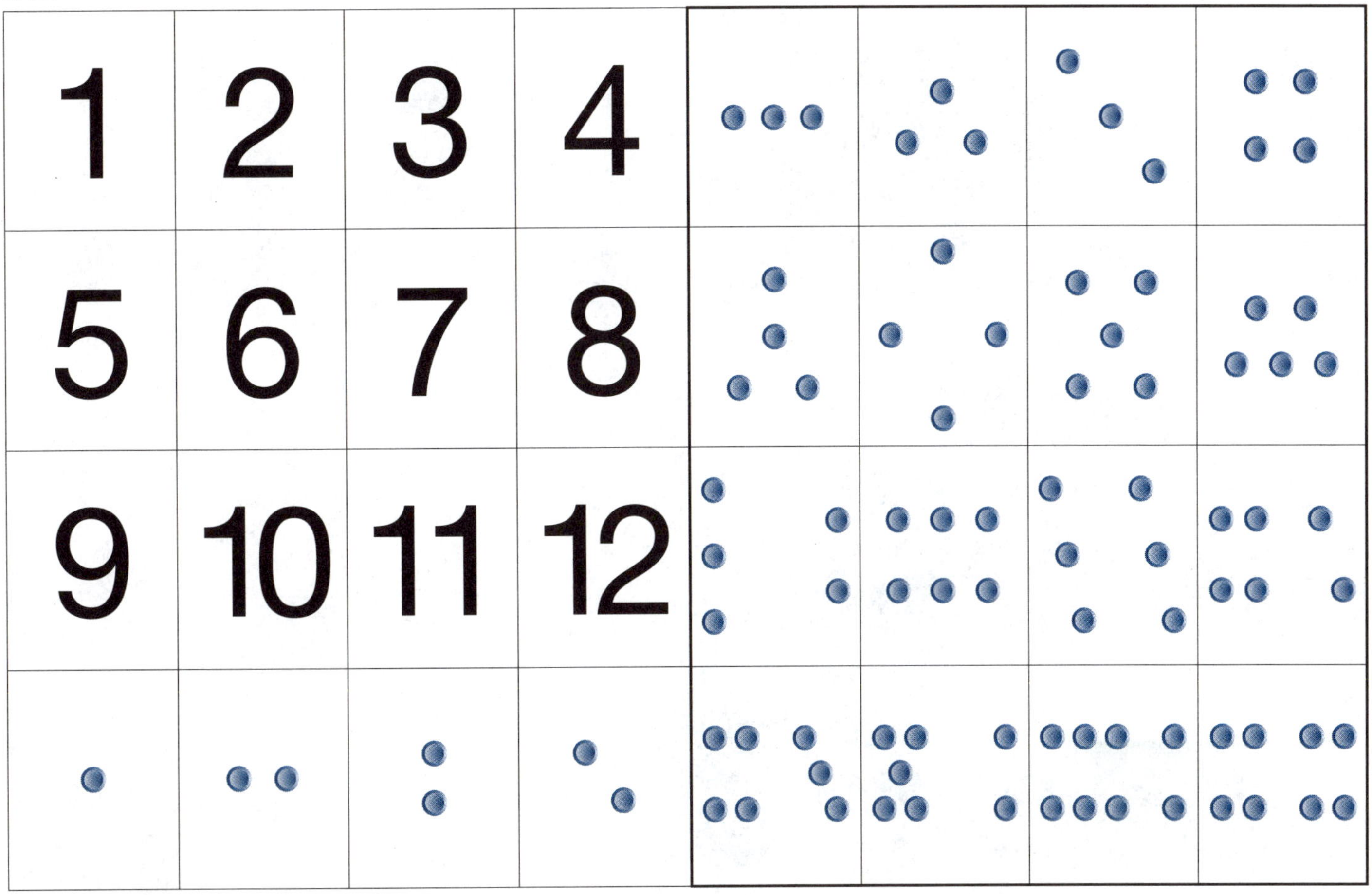

F3

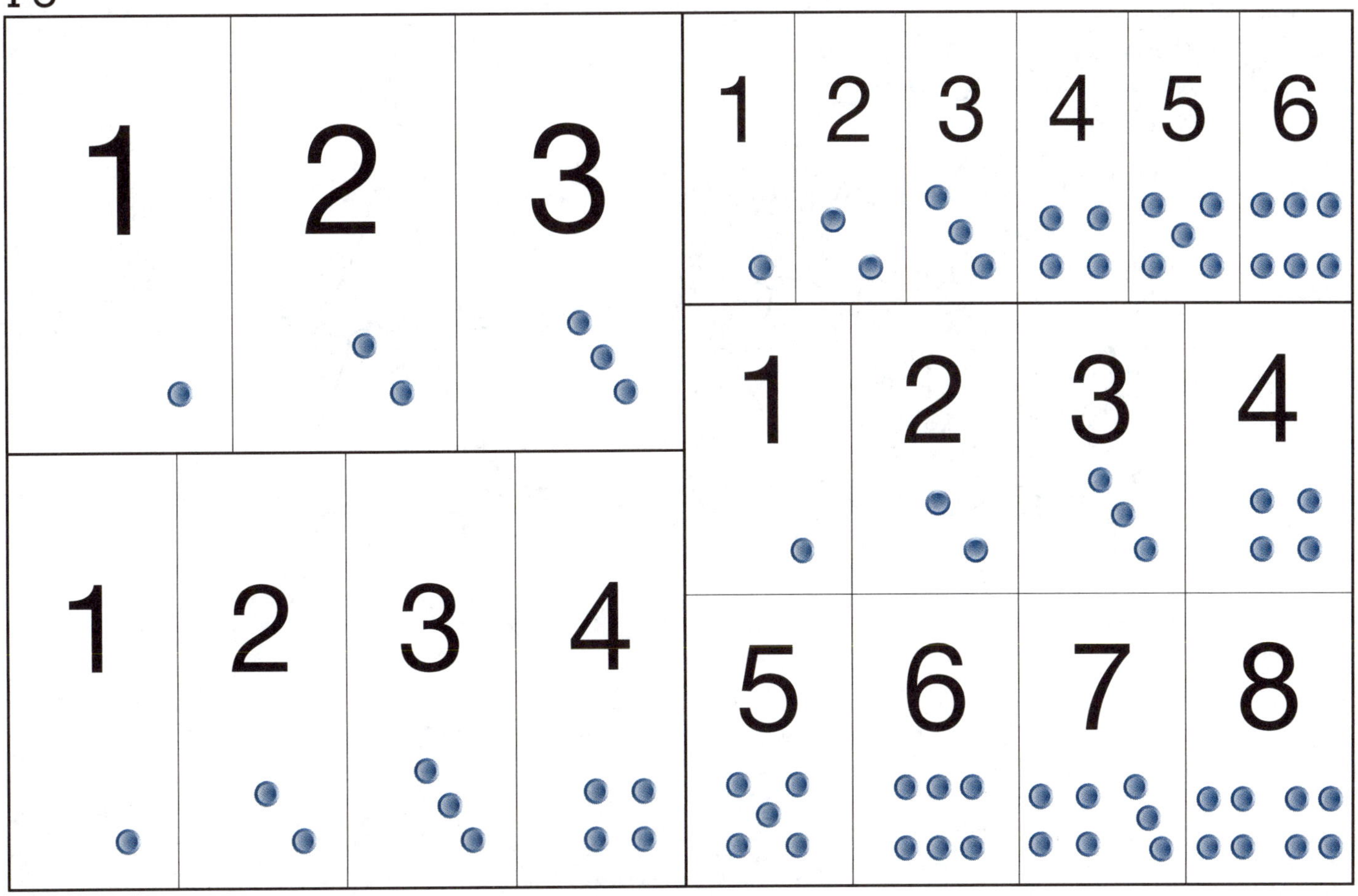

F4

F5

F6

F7

F8

F9

F10

F11

F12

F13

F14

F15

F16

F17

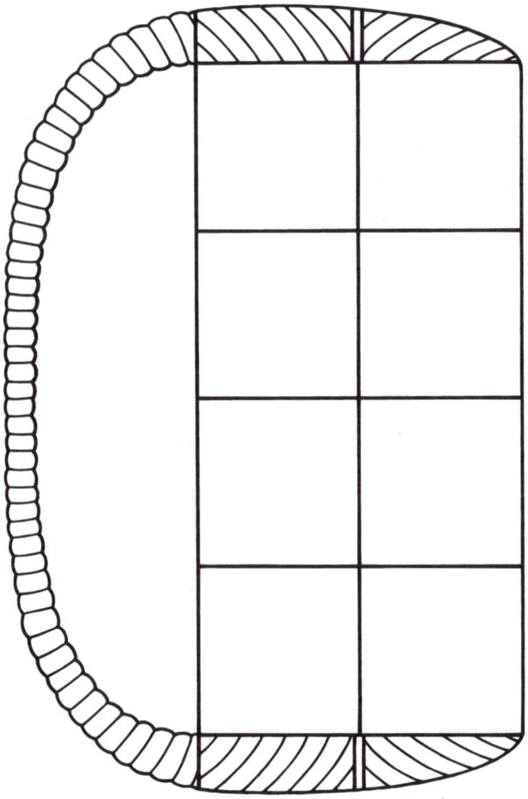

Achevé d'imprimer par Corlet, Imprimeur, S.A. - 14110 Condé-sur-Noireau (France)
N° d'Éditeur : 10047714-(VII)-(20)-OSB-N-80 - N° d'Imprimeur : 32339 - Dépôt légal : juin 1998 - *Imprimé en U.E.*